Impressum
Verlag: BABADADA GmbH, Nedderfeld 112 , 22529 Hamburg
Geschäftsführer / Verlagsleitung: Harald Hof
Druck: Books on Demand GmbH, In de Tarpen 42, 22848 Norderstedt

Imprint
Publisher: BABADADA GmbH, Nedderfeld 112 , 22529 Hamburg, Germany
Managing Director / Publishing direction: Harald Hof
Print: Books on Demand GmbH, In de Tarpen 42, 22848 Norderstedt, Germany

məktəb
5ch00l

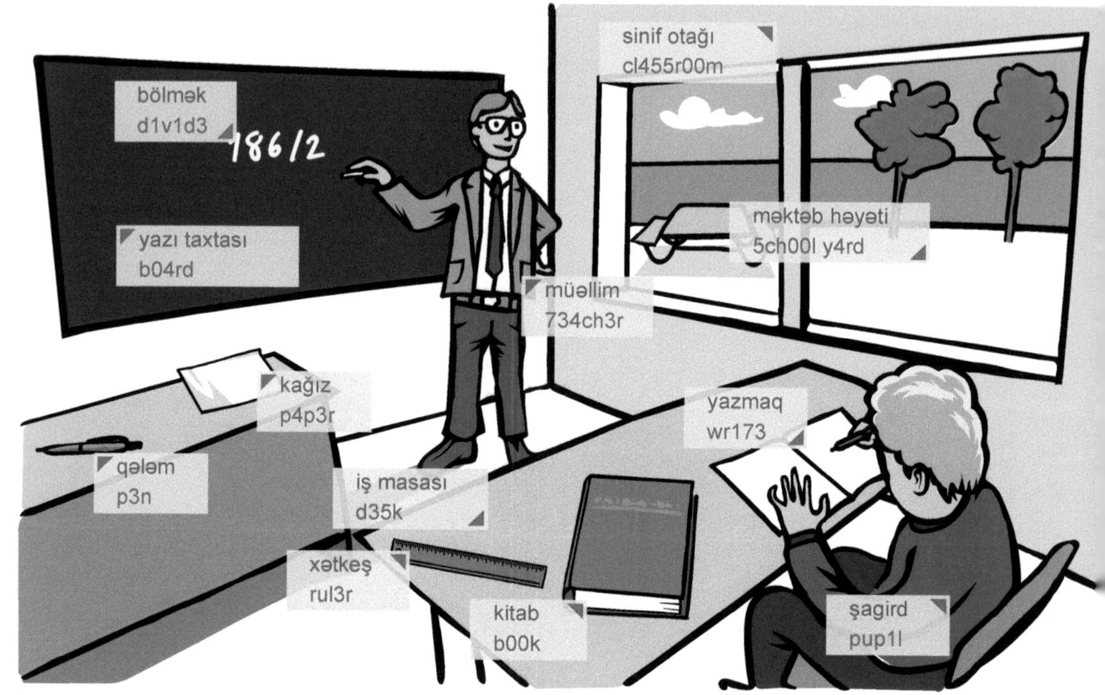

sinif otağı
cl455r00m
bölmək
d1v1d3
186/2
yazı taxtası
b04rd
məktəb həyəti
5ch00l y4rd
müəllim
734ch3r
kağız
p4p3r
yazmaq
wr173
qələm
p3n
iş masası
d35k
xətkeş
rul3r
kitab
b00k
şagird
pup1l

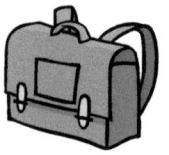

məktəbli çantası

547ch3l

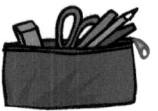

karandaş qabı

p3nc1l c453

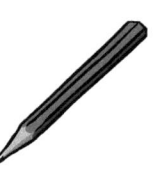

karandaş

p3nc1l

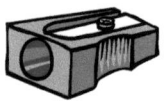

karandaş yonan

p3nc1l 5h4rp3n3r

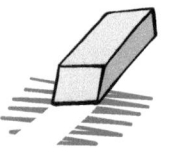

pozan

rubb3r

rəsm albomu

dr4w1n6 p4d

rəsm

dr4w1n6

boya fırçası

p41n7bru5h

boya qutusu

p41n7 b0x

qayçı

5c1550r5

yapışdırıcı

6lu3

dəftər

3x3rc153 b00k

ev tapşırığı

h0m3w0rk

12

say

numb3r

2+2

əlavə etmək

4dd

5-2

çıxmaq

5ub7r4c7

2×2

vurmaq

mul71ply

hesablamaq

c4lcul473

A

hərf

l3773r

ABCDEFG
HIJKLMN
OPQRSTU
VWXYZ

əlifba

4lph4b37

hello

söz

w0rd

mətn

73x7

oxumaq

r34d

tabaşir

ch4lk

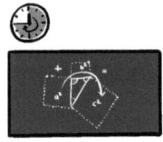

dərs

l3550n

sinif jurnalı

r361573r

imtahan

3x4m1n4710n

təhsil haqqında sənəd

c3r71f1c473

məktəb uniforması

5ch00l un1f0rm

təhsil

3duc4710n

ensiklopediya

3ncycl0p3d14

universitet

un1v3r517y

mikroskop

m1cr05c0p3

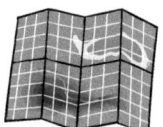

xəritə

m4p

zibil qutusu

w4573-p4p3r b45k37

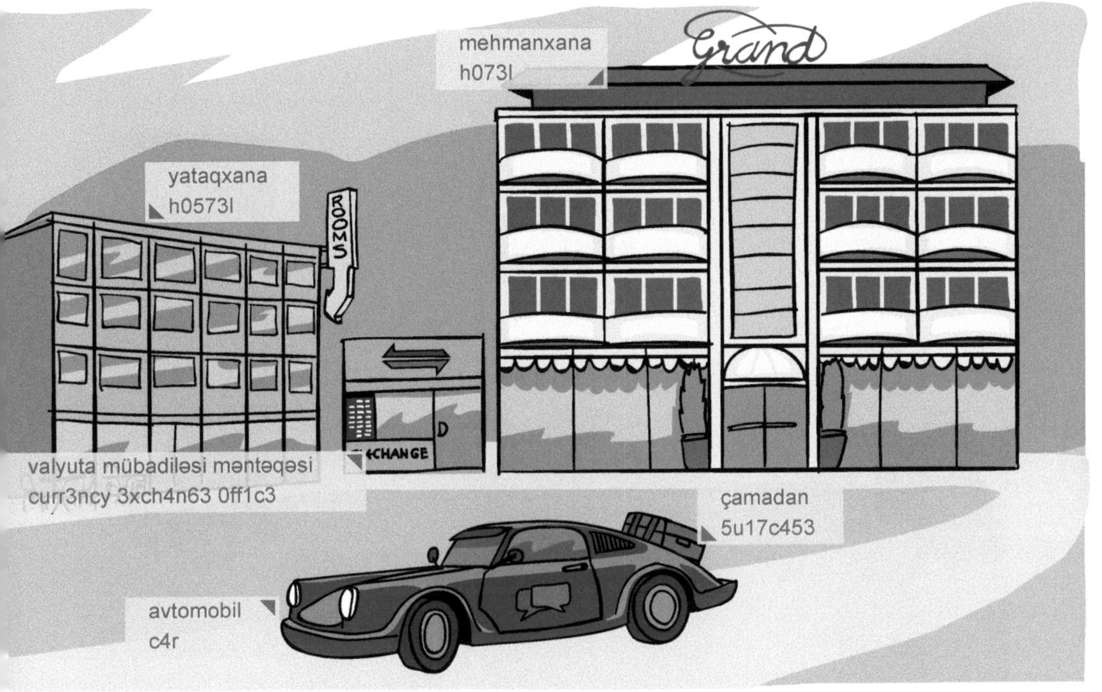

mehmanxana
h073l
Grand
yataqxana
h0573l
ROOMS
valyuta mübadiləsi məntəqəsi
curr3ncy 3xch4n63 0ff1c3
CHANGE
çamadan
5u17c453
avtomobil
c4r

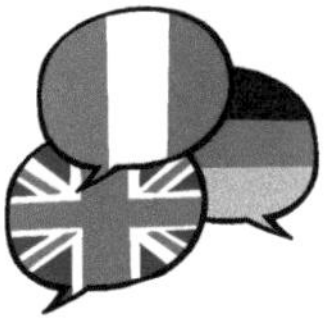

dil

l4n6u463

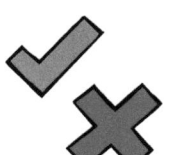

bəli/xeyr

y35 / n0

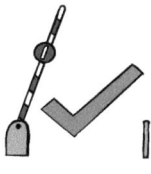

oldu

0k4y

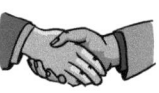

salam

h3ll0

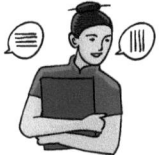

tərcüməçi

7r4n5l470r

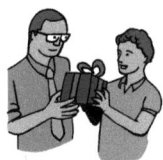

Təşəkkür edirəm

7h4nk y0u

giyməti nə qədərdir ...?

h0w much 15

mən başa düşmürəm

1 d0 n07 und3r574nd

problem

pr0bl3m

Axşamınız xeyir!

600d 3v3n1n6!

Sabahınız xeyir!

600d m0rn1n6!

Gecəniz xeyrə galsin!

600d n16h7!

hələlik

600dby3

istiqamət

d1r3c710n

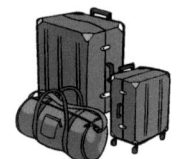

baqaj

lu66463

torba

b46

kürək çantası

b4ckp4ck

qonaq

6u357

otaq

r00m

yataq-çuval

5l33p1n6 b46

çadır

73n7

turistlər üçün məlumat

70ur157 1nf0rm4710n

çimərlik

b34ch

kredit kartı

cr3d17 c4rd

səhər yeməyi

br34kf457

günorta yeməyi

lunch

nahar yeməyi

d1nn3r

bilet

71ck37

lift

3l3v470r

poçt markası

574mp

sərhəd

b0rd3r

gömrük

cu570m5

səfirlik

3mb455y

viza

v154

pasport

p455p0r7

nəqliyyat
7r4n5p0r7

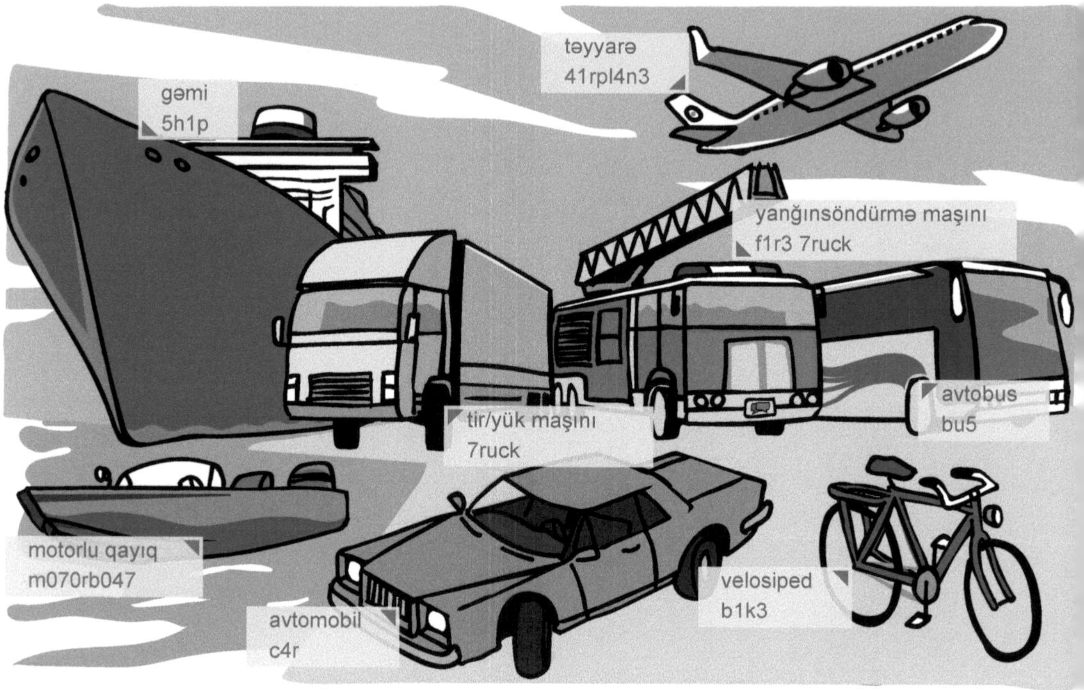
gəmi
5h1p
təyyarə
41rpl4n3
yanğınsöndürmə maşını
f1r3 7ruck
avtobus
bu5
tir/yük maşını
7ruck
motorlu qayıq
m070rb047
velosiped
b1k3
avtomobil
c4r

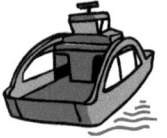

bərə

f3rry

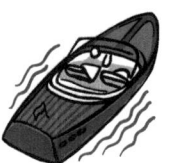

qayıq

b047

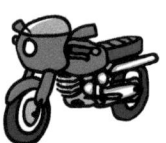

motosiklet

m070rb1k3

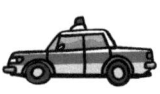

polis avtomobili

p0l1c3 c4r

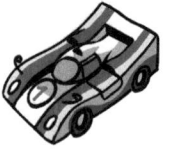

yarış avtomobili

r4c1n6 c4r

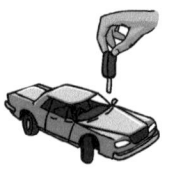

icarə avtomobili

r3n74l c4r

avtomobil icarəsi

c4r 5h4r1n6

texniki yardım maşını

70w 7ruck

zibil maşını

64rb463 7ruck

mühərrik

3n61n3

yanacaq

fu3l

benzin doldurma məntəqəsi

fu3l 574710n

yol nişanı

7r4ff1c 516n

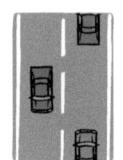

yol hərəkəti

7r4ff1c

tıxac

7r4ff1c j4m

avtomobil dayanacağı

p4rk1n6 l07

dəmir yolu stansiyası

7r41n 574710n

dəmiryol

7r4ck5

qatar

7r41n

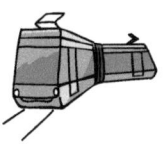

tramvay

7r4m

vaqon

w460n

helikopter

h3l1c0p73r

hava limanı

41rp0r7

qüllə

70w3r

sərnişin

p4553n63r

konteyner

c0n741n3r

karton qutu

c4r70n

əl arabası

c4r7

səbət

b45k37

qalxmaq / enmək

74k3 0ff / l4nd

şəhər

c17y

kənd

v1ll463

şəhər mərkəzi

c17y c3n73r

ev

h0u53

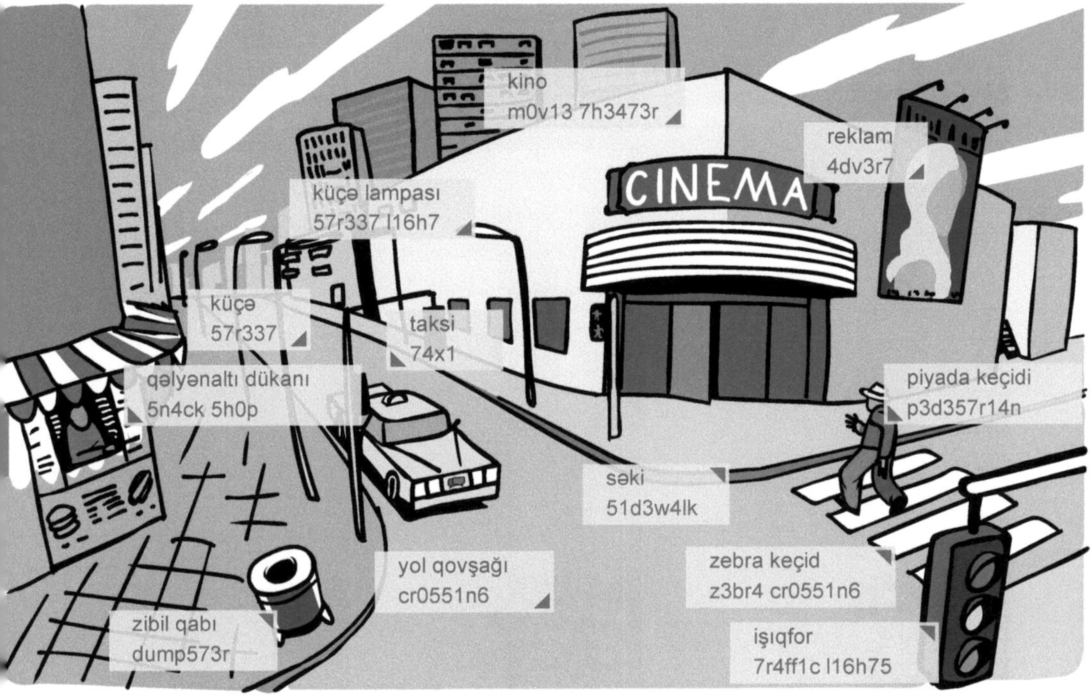

kino
m0v13 7h3473r

reklam
4dv3r7

küçə lampası
57r337 l16h7

CINEMA

küçə
57r337

taksi
74x1

piyada keçidi
p3d357r14n

qəlyənaltı dükanı
5n4ck 5h0p

səki
51d3w4lk

yol qovşağı
cr0551n6

zebra keçid
z3br4 cr0551n6

zibil qabı
dump573r

işıqfor
7r4ff1c l16h75

daxma
....
hu7

mənzil
....
4p4r7m3n7

dəmir yolu stansiyası
....
7r41n 574710n

bələdiyyə binası
....
c17y h4ll

muzey
....
mu53um

məktəb
....
5ch00l

universitet

un1v3r517y

bank

b4nk

xəstəxana

h05p174l

mehmanxana

h073l

aptek

ph4rm4cy

ofis

0ff1c3

kitab dükkanı

b00k 5h0p

dükan

5h0p

çiçək dükanı

fl0w3r 5h0p

supermarket

5up3rm4rk37

bazar

m4rk37

univermaq

d3p4r7m3n7 570r3

balıq satıcısı

f15hm0n63r'5 5h0p

ticarət mərkəzi

m4ll

liman

h4rb0r

park

p4rk

oturacaq

b3nch

körpü

br1d63

pilləkən

5741r5

metro

5ubw4y

tunel

7unn3l

avtobus dayanacağı

bu5 570p

bar

b4r

restoran

r3574ur4n7

poçt qutusu

p057b0x

küçə nişanı

57r337 516n

parkinq sayğacı

p4rk1n6 m373r

zoopark

z00

üzgüçülük hovuzu

5w1mm1n6 p00l

məscid

m05qu3

ferma

f4rm

ətraf mühitin çirklənməsi

p0llu710n

məzarlıq

c3m373ry

kilsə

church

oyun meydançası

pl4y6r0und

məbəd

73mpl3

mənzərə

l4nd5c4p3

yarpaq
l34f

yol nişanı
516np057

yol
p47h

çəmən
m34d0w

daş
570n3

piyada səyyah
h1k3r

ağac
7r33

çay
r1v3r

ot
6r455

gül
fl0w3r

vadi

v4ll3y

təpə

h1ll

göl

l4k3

meşə

f0r357

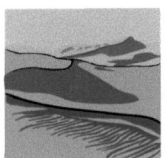

səhra

d353r7

vulkan

v0lc4n0

qəsr

c45713

göy qurşağı

r41nb0w

göbələk

mu5hr00m

palma

p4lm 7r33

ağcaqanad

m05qu170

milçək

fly

qarışqa

4n7

arı

b33

hörümçək

5p1d3r

böcək

b337l3

qurbağa

fr06

dələ

5qu1rr3l

kirpi

h3d63h06

dovşan

h4r3

bayquş

0wl

quş

b1rd

qu quşu

5w4n

qaban

b04r

maral

d33r

sığın

m0053

su bəndi

d4m

külək turbini

w1nd 7urb1n3

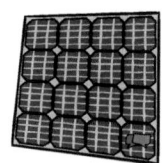

günəş batareyası

50l4r p4n3l

iqlim

cl1m473

restoran

r3574ur4n7

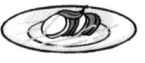

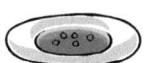

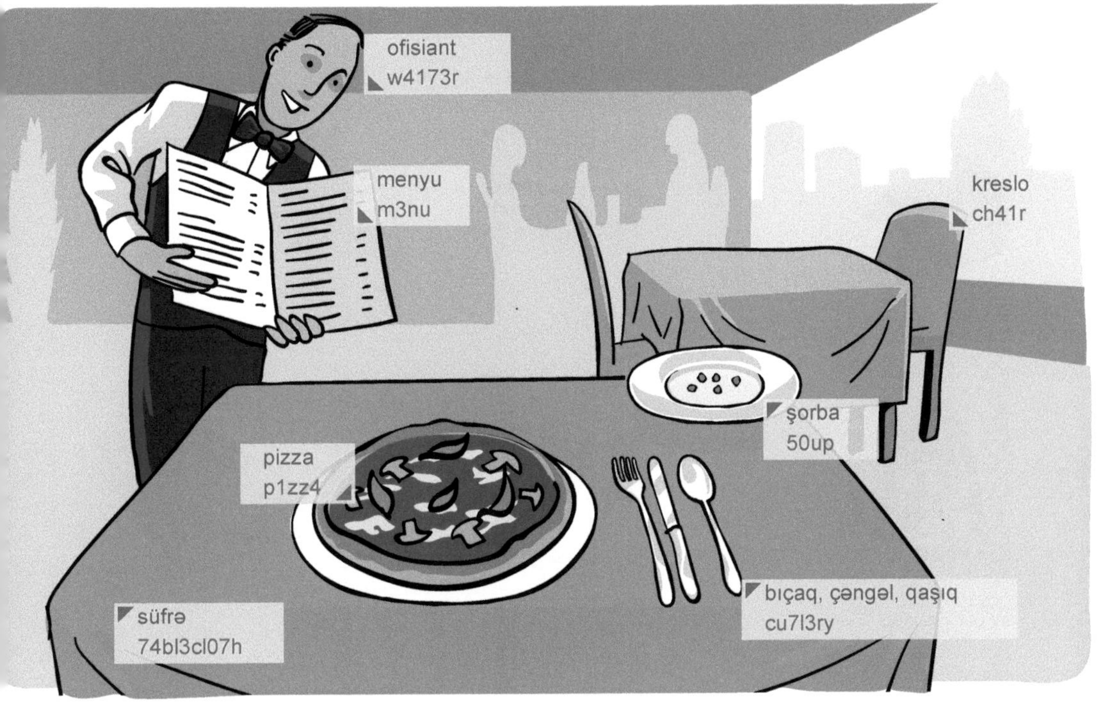
ofisiant
w4173r
menyu
m3nu
kreslo
ch41r
şorba
50up
pizza
p1zz4
bıçaq, çəngəl, qaşıq
cu7l3ry
süfrə
74bl3cl07h

məzə

574r73r

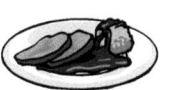

əsas yemək

m41n c0ur53

desert

d3553r7

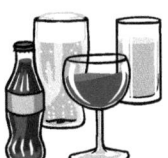

içkilər

dr1nk5

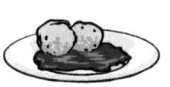

yemək

f00d

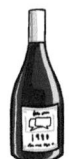

şüşə

b077l3

fast food

f457 f00d

küçə yeməkləri

57r337 f00d

çaynik

734p07

qəndqabı

5u64r b0wl

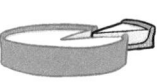

pay

p0r710n

espresso maşını

35pr3550 m4ch1n3

hündür uşaq kreslosu

h16h ch41r

faktura

b1ll

nimçə

7r4y

bıçaq

kn1f3

çəngəl

f0rk

qaşıq

5p00n

çay qaşığı

7345p00n

salfet

53rv13773

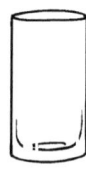

şüşə

6l455

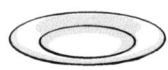

boşqab

pl473

şorba boşqabı

50up pl473

nəlbəki

54uc3r

sous

54uc3

duz qabı

54l7 5h4k3r

biberüyüdən

p3pp3r m1ll

sirkə

v1n364r

duru yağ

01l

ədviyyat

5p1c35

ketçup

k37chup

xardal

mu574rd

mayonez

m4y0nn4153

supermarket

5up3rm4rk37

xüsusi təklif
5p3c14l 0ff3r
FOR
müştəri
cu570m3r
süd məhsulları
d41ry pr0duc75
meyvə
fru17
alış-veriş arabası
5h0pp1n6 c4r7

BUTCHERS

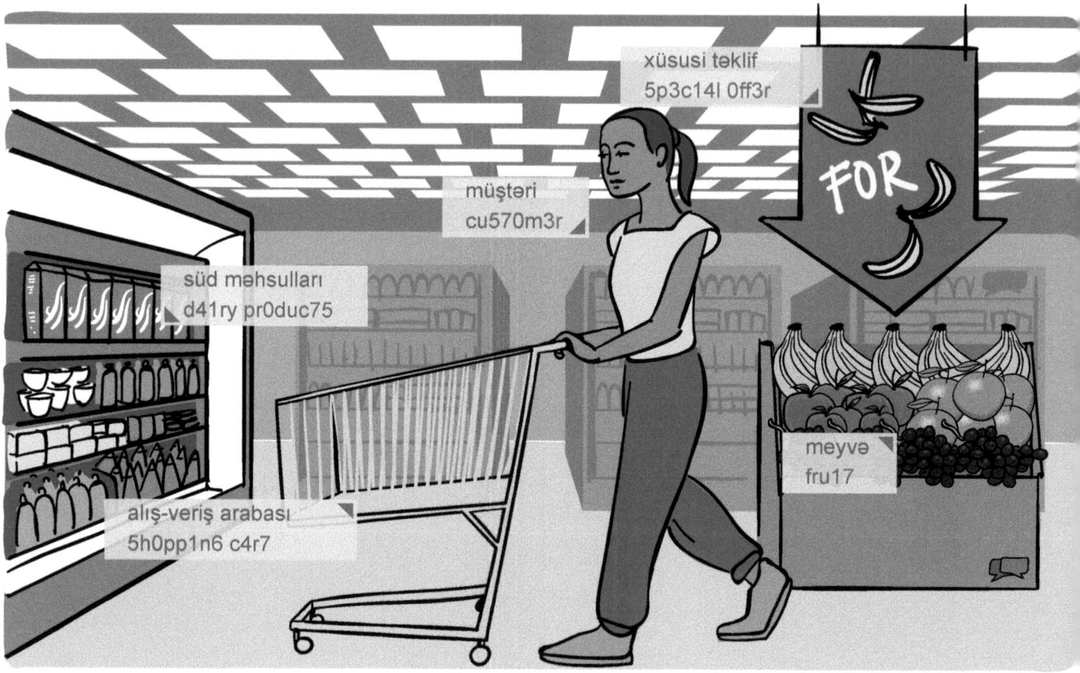

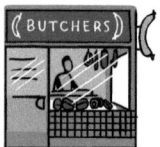

qəssab dükanı

bu7ch3r'5 5h0p

BAKERY

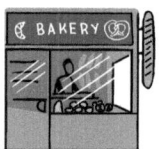

çörəkçi

b4k3ry

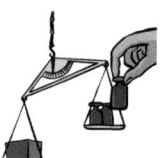

çəkmək

w316h

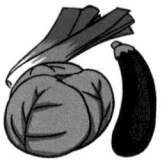

tərəvəz

v36374bl35

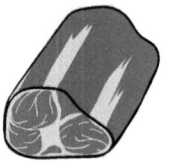

ət

m347

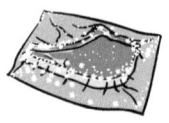

dondurulmuş qida

fr0z3n f00d

soyuq ət yeməyi
c0ld cu75

konservləşdirilmiş qida
c4nn3d f00d

yuyucu toz
d373r63n7

şirniyyat
c4ndy

təsərrüfat malları
h0u53h0ld pr0duc75

yuyucu vasitələr
cl34n1n6 pr0duc75

satıcı
54l35 r3pr353n7471v3

kassa
c45h r361573r

kassir
c45h13r

alış-veriş siyahısı
5h0pp1n6 l157

iş saatları
0p3n1n6 h0ur5

pul kisəsi
w4ll37

kredit kartı
cr3d17 c4rd

torba
b46

plastik torba
pl4571c b46

su
....
w473r

şirə
....
ju1c3

süd
....
m1lk

cola
....
c0k3

şərab
....
w1n3

pivə
....
b33r

alkoqollu içkilər
....
4lc0h0l

kakao
....
c0c04

çay
....
734

qəhvə
....
c0ff33

espresso
....
35pr3550

kapuçino
....
c4ppucc1n0

banan

b4n4n4

alma

4ppl3

portağal

0r4n63

yemiş

m3l0n

limon

l3m0n

yerkökü

c4rr07

sarımsaq

64rl1c

bambuq

b4mb00

soğan

0n10n

göbələk

mu5hr00m

qoz-fındıq

nu75

əriştə

n00dl35

spagetti

5p46h3771

düyü

r1c3

salat

54l4d

cips

fr135

qızardılmış kartof

fr13d p0747035

pizza

p1zz4

hamburger

h4mbur63r

sandviç

54ndw1ch

eskalop

35c4l0p3

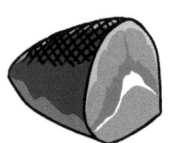

hisə verilmiş donuz əti

h4m

salyami

54l4m1

kolbasa

54u5463

toyuq

ch1ck3n

qızardılmış ət tikəsi

r0457

balıq

f15h

yulaf yarması

p0rr1d63 0475

müsli

mu35l1

partlaq qarğıdalı

c0rnfl4k35

un

fl0ur

kruassan

cr01554n7

bulka

br34d r0ll

çörək

br34d

tost

70457

peçenye

c00k135

kərə yağı

bu773r

kəsmik

curd

tort

c4k3

yumurta

366

qayğanaq

fr13d 366

pendir

ch3353

dondurma

1c3 cr34m

şəkər

5u64r

bal

h0n3y

mürəbbə

j3lly

şokolad pastası

n0u647 cr34m

köri

curry

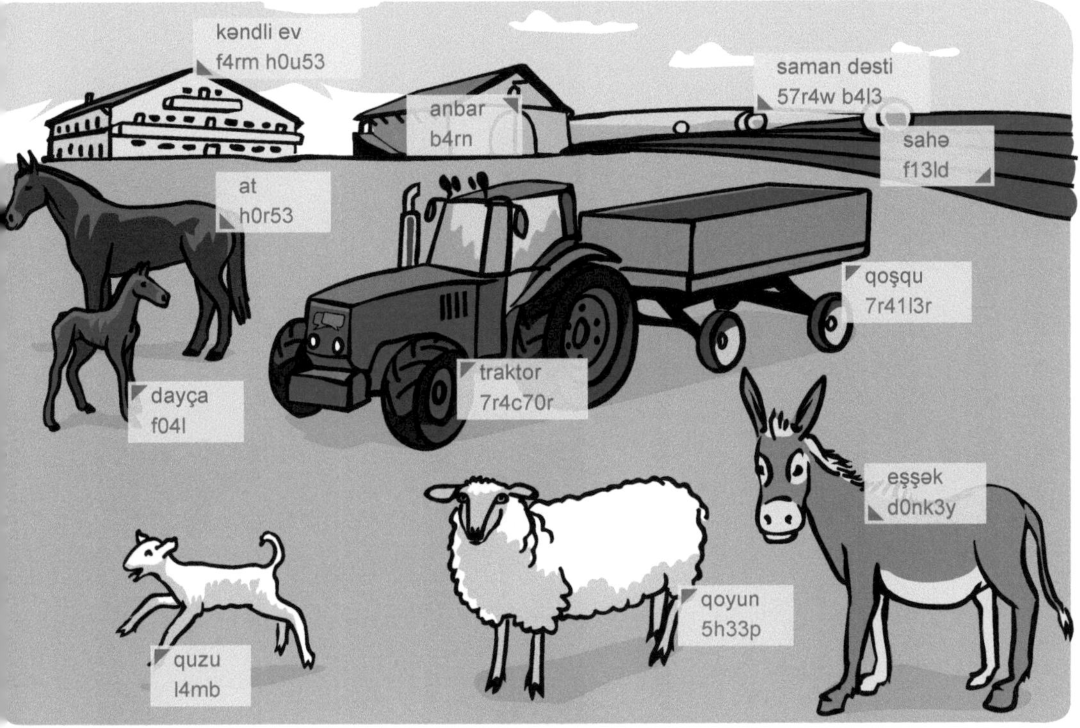

kəndli ev
f4rm h0u53

saman dəsti
57r4w b4l3

anbar
b4rn

sahə
f13ld

at
h0r53

qoşqu
7r41l3r

dayça
f04l

traktor
7r4c70r

eşşək
d0nk3y

quzu
l4mb

qoyun
5h33p

keçi
....
6047

inək
....
c0w

dana
....
c4lf

donuz
....
p16

donuz balası
....
p16l37

öküz
....
bull

qaz

60053

ördək

duck

cücə

ch1ck

toyuq

h3n

xoruz

c0ck3r3l

siçovul

r47

pişik

c47

siçan

m0u53

öküz

0x

it

d06

itdamı

d06 h0u53

bağ şlanqı

64rd3n h053

susəpən

w473r1n6 c4n

dəryaz

5cy7h3

kotan

pl0u6h

oraq

51ckl3

kətman

h03

yaba

p17chf0rk

balta

4x3

əl arabası

pu5hc4r7

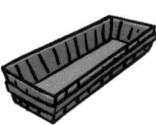

çalov

7r0u6h

süd bidonu

m1lk c4n

çuval

54ck

çəpər

f3nc3

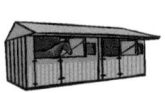

tövlə

574bl3

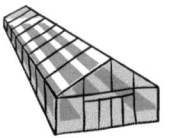

istixana

6r33nh0u53

torpaq

501l

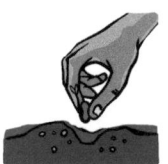

toxum

533d

gübrə

f3r71l1z3r

taxılbiçən kombayn

c0mb1n3 h4rv3573r

məhsul yığmaq

h4rv357

məhsul yığımı

h4rv357

yam

y4m5

buğda

wh347

soya

50y4

kartof

p07470

dən

c0rn

raps

r4p3533d

meyvə ağacı

fru17 7r33

maniok

m4n10c

yarma

6r41n

ferma - f4rm

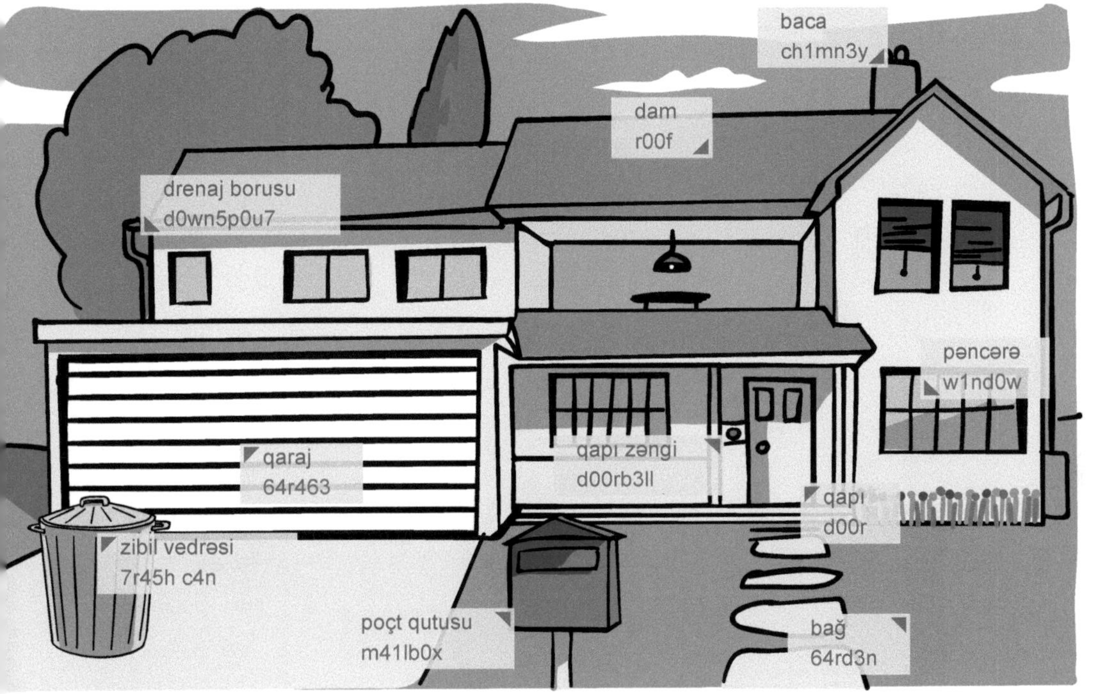

baca
ch1mn3y

dam
r00f

drenaj borusu
d0wn5p0u7

pəncərə
w1nd0w

qaraj
64r463

qapı zəngi
d00rb3ll

qapı
d00r

zibil vedrəsi
7r45h c4n

poçt qutusu
m41lb0x

bağ
64rd3n

qonaq otağı

l1v1n6 r00m

hamam otağı

b47hr00m

mətbəx

k17ch3n

yataq otağı

b3dr00m

uşaq otaqı

ch1ld'5 r00m

yemək otağı

d1n1n6 r00m

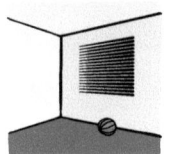

döşəmə

fl00r

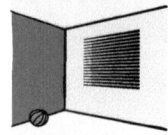

divar

w4ll

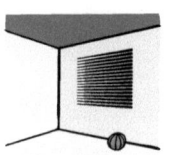

tavan

c31l1n6

zirzəmi

c3ll4r

sauna

54un4

balkon

b4lc0ny

terras

73rr4c3

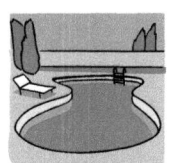

üzgüçülük hovuzu

p00l

otbiçən maşın

l4wn m0w3r

mələfə

5h337

yataq örtüyü

b3d5pr34d

yataq

b3d

süpürgə

br00m

vedrə

buck37

elektrik açarı

5w17ch

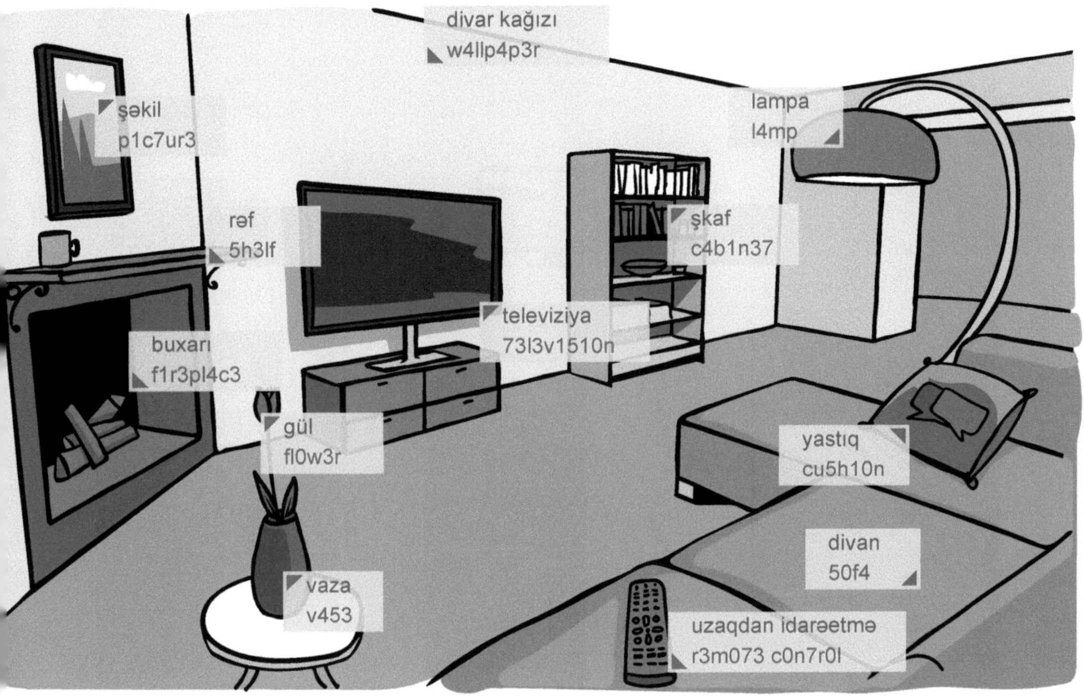

divar kağızı
w4llp4p3r

şəkil
p1c7ur3

lampa
l4mp

rəf
5h3lf

şkaf
c4b1n37

buxarı
f1r3pl4c3

televiziya
73l3v1510n

gül
fl0w3r

yastıq
cu5h10n

divan
50f4

vaza
v453

uzaqdan idarəetmə
r3m073 c0n7r0l

xalça

c4rp37

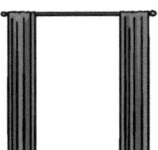

pərdə

dr4p3

masa

74bl3

kreslo

ch41r

yırğalanan stul

r0ck1n6 ch41r

kreslo

4rmch41r

kitab

b00k

yorğan

bl4nk37

bəzək

d3c0r4710n

odun

f1r3w00d

film

f1lm

stereo səs sistemi

573r30 5y573m

açar

k3y

qəzet

n3w5p4p3r

rəsm əsəri

p41n71n6

plakat

p0573r

radio

r4d10

bloknot

n073b00k

tozsoran

v4cuum cl34n3r

kaktus

c4c7u5

şam

c4ndl3

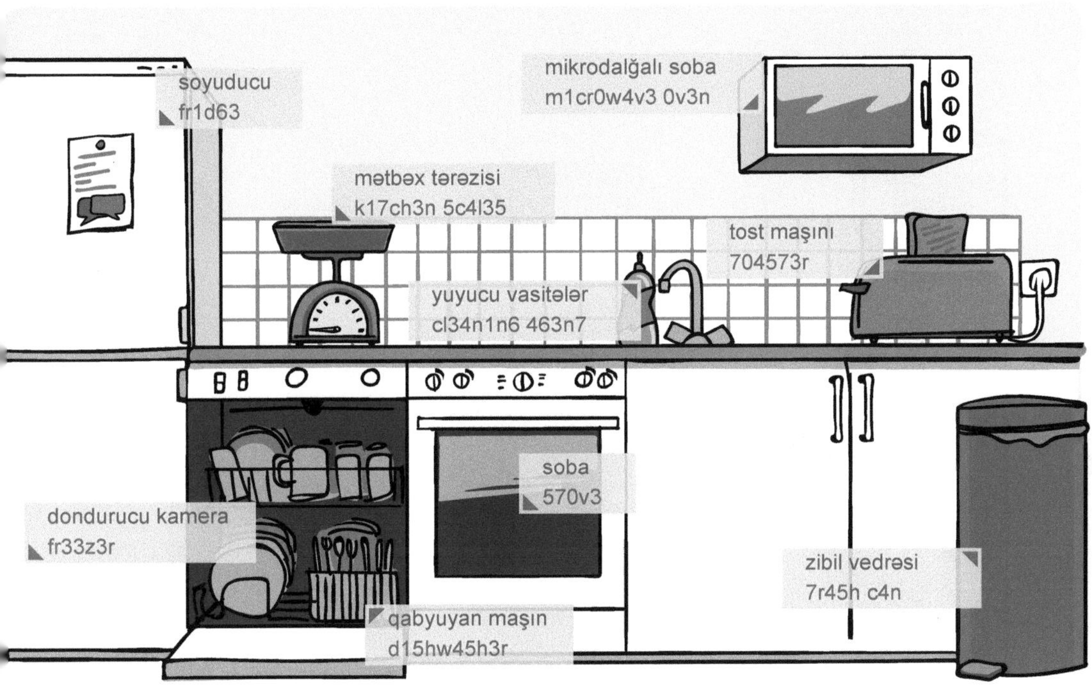

soyuducu
fr1d63

mikrodalğalı soba
m1cr0w4v3 0v3n

mətbəx tərəzisi
k17ch3n 5c4l35

tost maşını
704573r

yuyucu vasitələr
cl34n1n6 463n7

dondurucu kamera
fr33z3r

soba
570v3

zibil vedrəsi
7r45h c4n

qabyuyan maşın
d15hw45h3r

soba

c00k3r

qazan

p07

çuqun qazan

c457-1r0n p07

vok / kadai

w0k / k4d41

tava

p4n

çaydan

k377l3

buxar qazanı

5734m3r

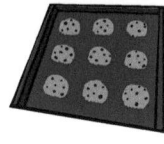

sac

b4k1n6 7r4y

qab

cr0ck3ry

fincan

mu6

ləyən

b0wl

yemək üçün çubuqlar

ch0p571ck5

çömçə

l4dl3

spatula

5p47ul4

çırpıcı

wh15k

süzgəc

57r41n3r

ələk

513v3

sürtgəc

6r473r

həvəngdəstə

m0r74r

barbekyu

b4rb3cu3

ocaq

f1r3pl4c3

doğrama taxtası

chOpp1n6 b04rd

oxlov

rOll1n6 p1n

probkaçıxaran

cOrk5cr3w

banka

c4n

bankaağzıaçan

c4n Op3n3r

qabtutan

Ov3n cl07h

əl üz yuyan

51nk

fırça

bru5h

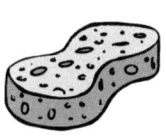

süngər

5pOn63

blender

bl3nd3r

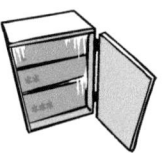

dondurucu

d33p fr33z3r

körpə şüşəsi

b4by b077l3

kran

74p

hamam otağı
b47hr00m

duş
5h0w3r
qızdırıcı
h3471n6
dəsmal
70w3l
duş pərdəsi
5h0w3r cur741n
köpüklü vanna
bubbl3 b47h
hamam vannası
b47h7ub
şüşə
6l455
paltaryuyan maşın
w45h1n6 m4ch1n3
kran
74p
kafel
71l35
güvəc
p077y
əl üz yuyan
51nk

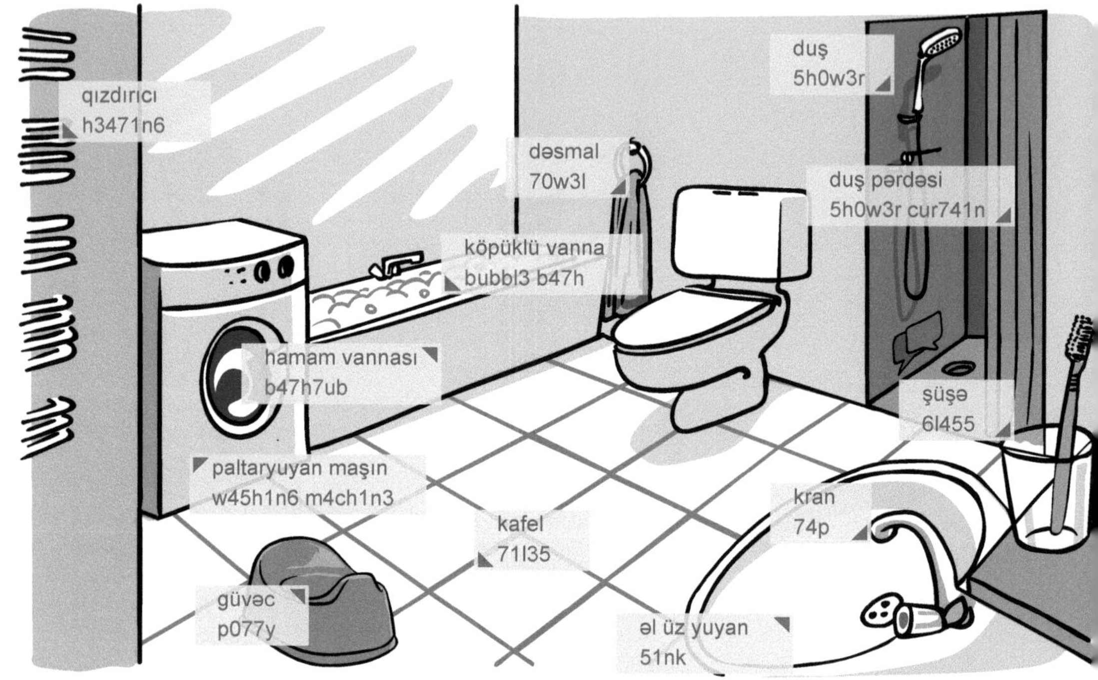

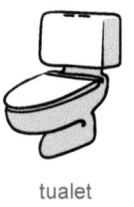

tualet

701l37

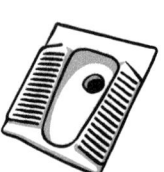

çömbəlmə tualet

5qu47 701l37

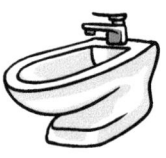

bide

b1d37

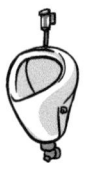

urinal

ur1n4l

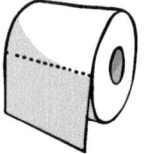

tualet kağızı

701l37 p4p3r

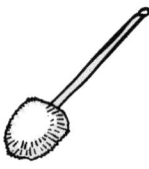

tualet fırçası

701l37 bru5h

diş fırçası

7007hbru5h

diş pastası

7007hp4573

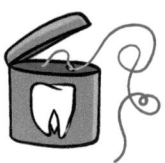

diş ipi

d3n74l fl055

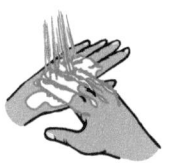

yumaq

w45h

əl duşu

h4nd 5h0w3r

intim duş

d0uch3

taz

b451n

bel fırçası

b4ck bru5h

sabun

504p

duş üçün gel

5h0w3r 63l

şampun

5h4mp00

əsgi

fl4nn3l

drenaj

dr41n

krem

cr3m3

dezodorant

d30d0r4n7

güzgü
m1rr0r

əl güzgüsü
h4nd m1rr0r

ülgüc
r4z0r

üz qırxmaq üçün köpük
5h4v1n6 f04m

təraşdan sonra su
4f73r5h4v3

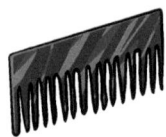

daraq
c0mb

fırça
bru5h

fen
h41r-dry3r

saç spreyi
h41r5pr4y

makiyaj
m4k3up

dodaq boyası
l1p571ck

dırnaq lakı
n41l v4rn15h

pambıq
c0770n w00l

dırnaq qayçısı
n41l 5c1550r5

ətir
p3rfum3

gigiyenik torba

w45hb46

kətil

5700l

tərəzi

w316h1n6 5c4l35

hamam xalatı

b47hr0b3

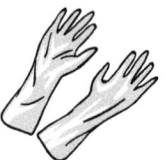

rezin əlcək

rubb3r 6l0v35

tampon

74mp0n

gigiyenik salfet

54n174ry 70w3l

kimyəvi tualet

ch3m1c4l 701l37

uşaq otaqı
ch1ld'5 r00m

zəngli saat
4l4rm cl0ck
yumşaq oyuncaq
cuddly 70y
oyuncaq avtomobil
70y c4r
cingilti
r477l3
kukla evciyi
d0ll'5 h0u53
hədiyyə
pr353n7

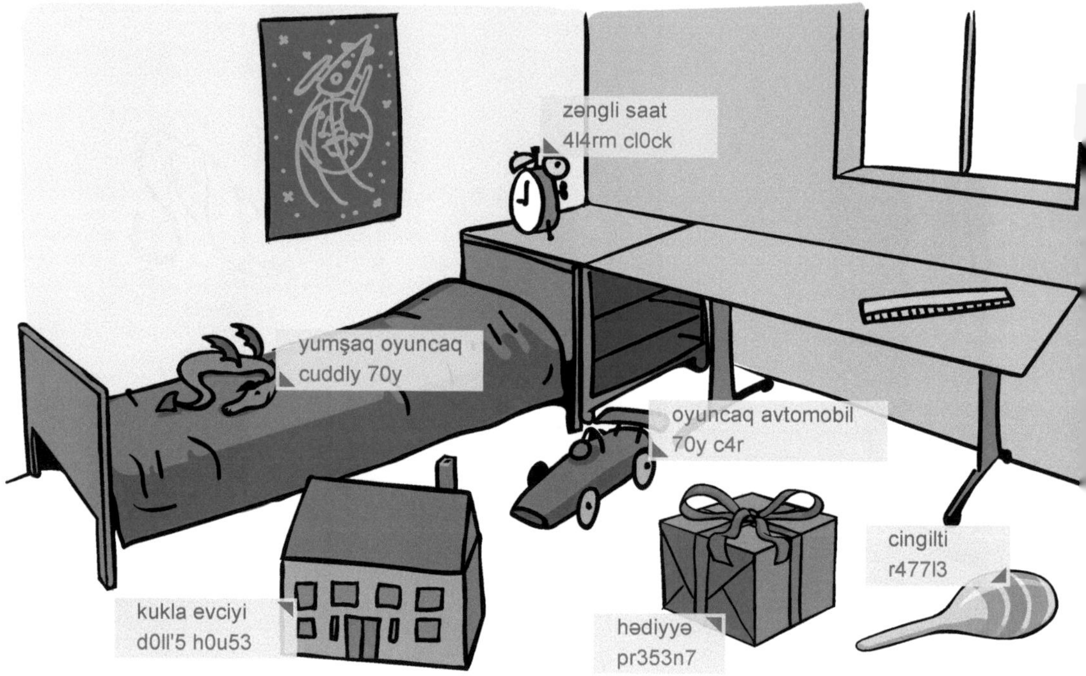

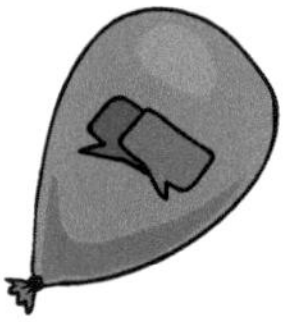

balon

b4ll00n

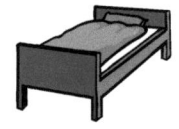

yataq

b3d

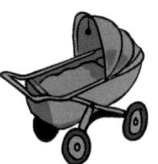

uşaq arabası

57r0ll3r

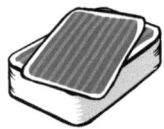

kart dəsti

d3ck 0f c4rd5

elektrik mişarı

j1654w

SUPER
MEGA

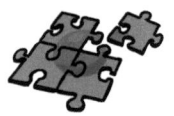

komik

c0m1c

leqo kərpici

l360 br1ck5

konstruktor blokları

70y bl0ck5

oyuncaq-personaj

4c710n f16ur3

yeni doğulmuş körpələr
üçün geyimi

r0mp3r 5u17

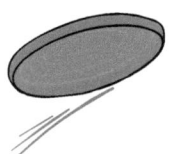

frisbi

fr15b33

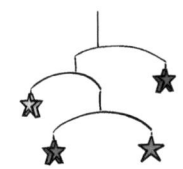

yataq üstünə asılan körpə
oyuncağı

m0b1l3

masaüstü oyun

b04rd 64m3

zər

d1c3

oyuncaq qatar

m0d3l 7r41n 537

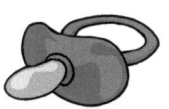

emzik

dummy

qonaqlıq

p4r7y

rəsmli kitab

p1c7ur3 b00k

top

b4ll

kukla

d0ll

oynamaq

pl4y

qum qutusu

54ndp17

yelləncək

5w1n6

oyuncaqlar

70y

video oyun konsolu

v1d30 64m3 c0n50l3

üç təkərli velosiped

7r1cycl3

plüşdən hazırlanmış
oyuncaq ayı

73ddy b34r

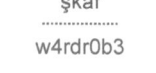

şkaf

w4rdr0b3

geyim

cl07h1n6

corab

50ck5

corab

570ck1n65

kalqotka

716h75

kaşne
5c4rf

çətir
umbr3ll4

t-shirt
7-5h1r7

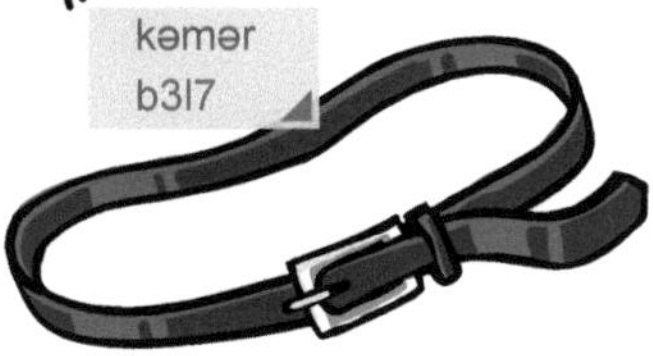

kəmər
b3l7

idman ayaqqabısı
5n34k3r5

çəkmə
b0075

şəpit
5l1pp3r5

sandallar
....
54nd4l5

ayaqqabı
....
5h035

rezin çəkmələr
....
rubb3r b0075

dizlik
....
br13f5

lifçik
....
br4

alt köynəyi
....
und3r5h1r7

alt paltarı

b0dy

şalvar

p4n75

cins

j34n5

yubka

5k1r7

bluza

bl0u53

köynək

5h1r7

sviter

pull0v3r

başlıqlı idman gödəkçəsi

5w3473r

gödəkçə

bl4z3r

gödəkcə

j4ck37

pencək

c047

plaş

r41nc047

kostyum

c057um3

paltar

dr355

gəlin paltarı

w3dd1n6 dr355

kostyum

5u17

gecə köynəyi

n16h760wn

pijama

p4j4m45

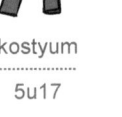

sari

54r1

hicab / eşarp

h34d5c4rf

çalma

7urb4n

burka

burk4

kaftan

k4f74n

abaya

4b4y4

çimərlik geyimi

5w1m5u17

tumuş

7runk5

şort

5h0r75

məşq kostyumu

7r4ck5u17

önlük

4pr0n

əlcək

6l0v35

düymə

bu770n

eynək

6l45535

bilərzik

br4c3l37

boyunbağı

n3ckl4c3

üzük

r1n6

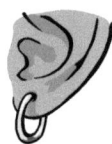

sırğa

34rr1n6

papaq

c4p

asılqan

c047 h4n63r

papaq

h47

qalstuk

713

zəncirbənd

z1p

dəbilqə

h3lm37

aşırma

br4c35

məktəb uniforması

5ch00l un1f0rm

uniforma

un1f0rm

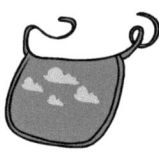

döşlük

b1b

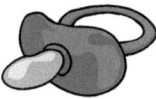

emzik

dummy

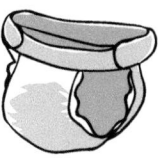

körpə bezi

d14p3r

ofis

0ff1c3

server
53rv3r
arxiv şkafı
f1l1n6 c4b1n37
printer
pr1n73r
kağız
p4p3r
monitor
m0n170r
iş masası
d35k
siçan
m0u53
qovluq
f0ld3r
klaviatura
k3yb04rd
stul
ch41r
zibil qutusu
w4573-p4p3r b45k37
kompyuter
c0mpu73r

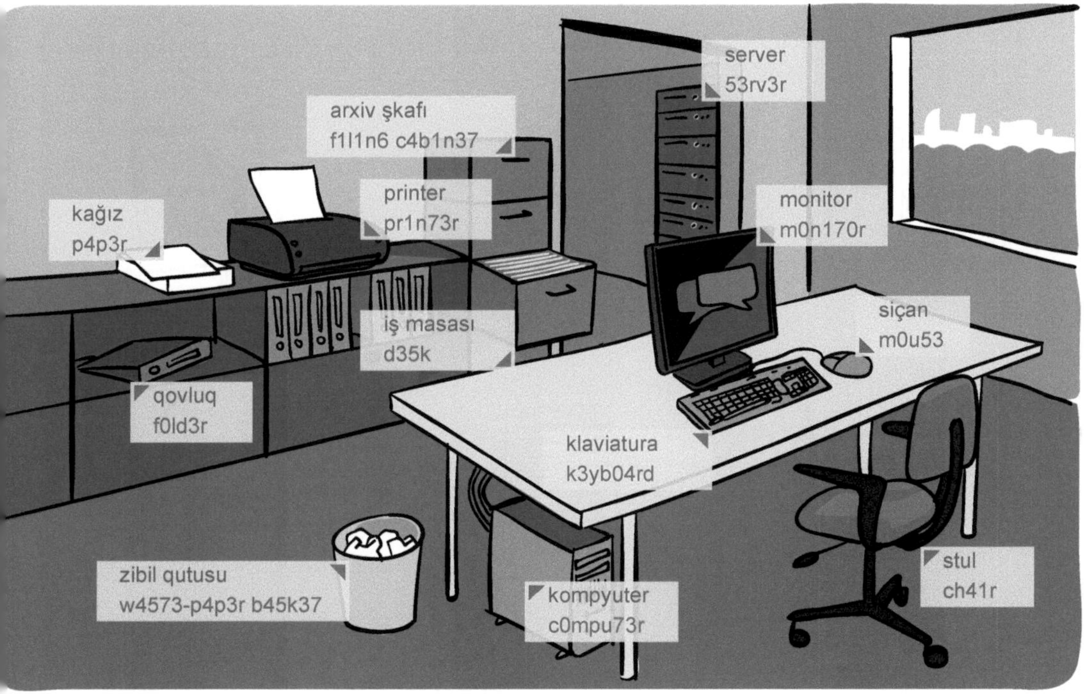

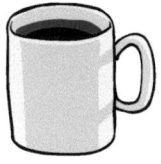

qəhvə fincanı

c0ff33 mu6

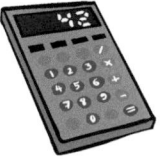

kalkulyator

c4lcul470r

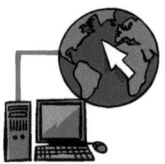

internet

1n73rn37

laptop

l4p70p

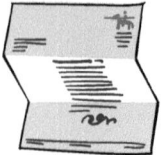

məktub

l3773r

mesaj

m355463

mobil telefon

c3ll ph0n3

şəbəkə

n37w0rk

surətçıxaran maşın

ph070c0p13r

proqram təminatı

50f7w4r3

telefon

73l3ph0n3

ştepsel

plu6 50ck37

faks

f4x m4ch1n3

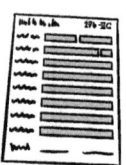

forma

f0rm

sənəd

d0cum3n7

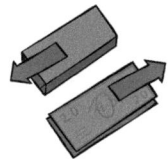

satın almaq

buy

ödəmək

p4y

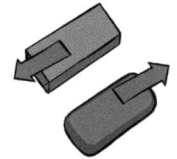

alverlə məşğul olmaq

7r4d3

pul

m0n3y

 USD

dollar

d0ll4r

 EUR

avro

3ur0

JPY

yen

y3n

RUB

rubl

r0ubl3

CHF

frank

5w155 fr4nc

CNY

renminbi yuan

r3nm1nb1 yu4n

INR

rupi

rup33

bankomat

c45h p01n7

valyuta mübadiləsi məntəqəsi
curr3ncy 3xch4n63 0ff1c3

qızıl
60ld

gümüş
51lv3r

neft
01l

enerji
3n3r6y

qiymət
pr1c3

müqavilə
c0n7r4c7

vergi
74x

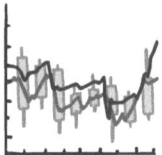

səhm
570ck

işləmək
w0rk

işçi
3mpl0y33

işəgötürən
3mpl0y3r

fabrik
f4c70ry

dükan
5h0p

peşə
0ccup4710n5

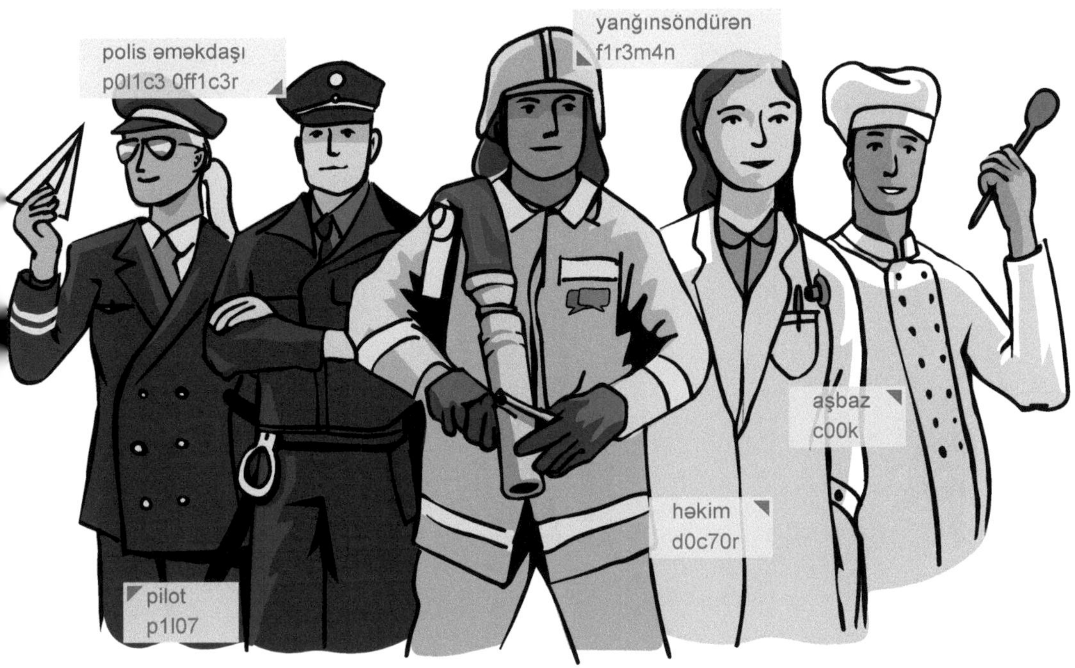

polis əməkdaşı
p0l1c3 0ff1c3r
yanğınsöndürən
f1r3m4n
aşbaz
c00k
həkim
d0c70r
pilot
p1l07

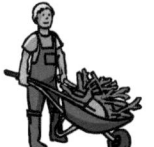

bağban

64rd3n3r

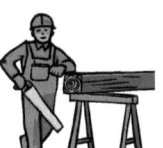

dülgər

c4rp3n73r

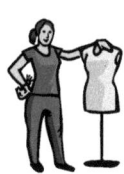

dərzi

534m57r355

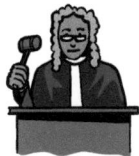

hakim

jud63

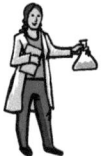

kimyaçı

ch3m157

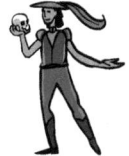

aktyor

4c70r

avtobus sürücüsü

bu5 dr1v3r

taksi sürücüsü

74x1 dr1v3r

balıqçı

f15h3rm4n

xadimə

cl34n1n6 l4dy

dam işçisi

r00f3r

ofisiant

w4173r

ovçu

hun73r

rəssam

p41n73r

çörəkçi

b4k3r

elektrik ustası

3l3c7r1c14n

inşaat işçisi

bu1ld3r

mühəndis

3n61n33r

qəssab

bu7ch3r

santexnik

plumb3r

poçtalyon

p057m4n

əsgər

50ld13r

memar

4rch173c7

kassir

c45h13r

gül-çiçək satıcısı

fl0r157

bərbər

h41rdr3553r

konduktor

c0nduc70r

mexanik

m3ch4n1c

kapitan

c4p741n

diş həkimi

d3n7157

alim

5c13n7157

ravvin

r4bb1

imam

1m4m

rahib

m0nk

keşiş

p4570r

alətlər
700l5

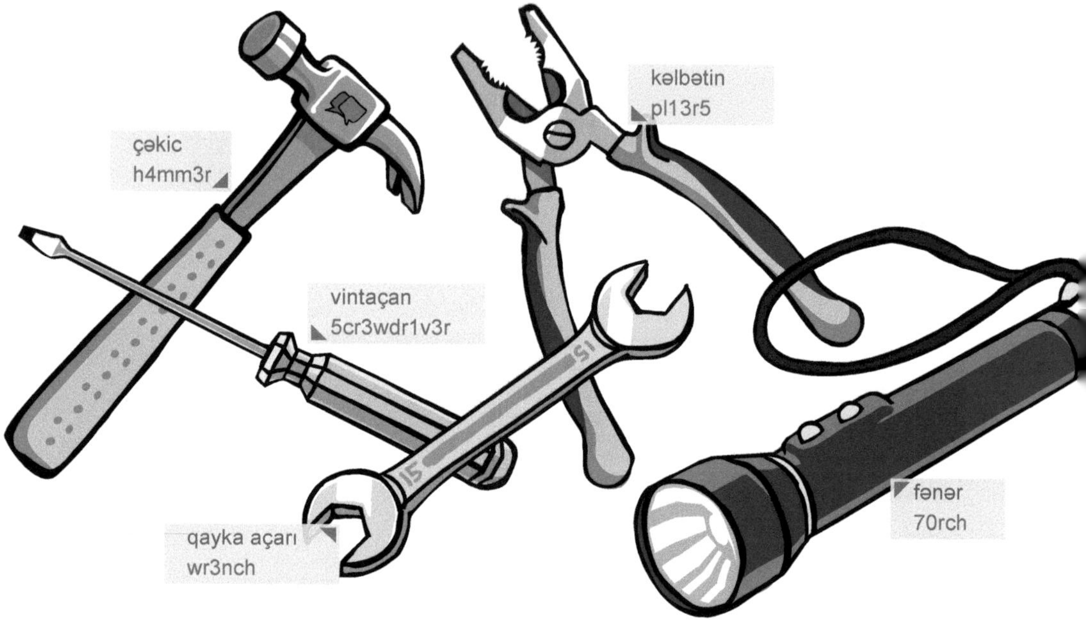
çəkic
h4mm3r
kəlbətin
pl13r5
vintaçan
5cr3wdr1v3r
qayka açarı
wr3nch
fənər
70rch

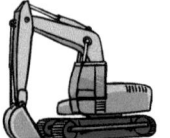

ekskavator
3xc4v470r

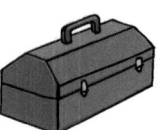

alətlər qutusu
700lb0x

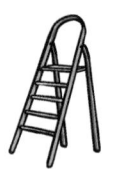

nərdivan
l4dd3r

mişar
54w

dırnaqlar
n41l5

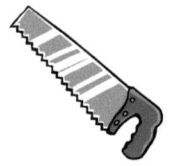

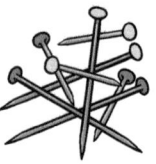

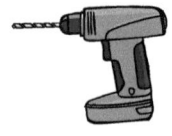

drel
dr1ll

təmir etmək

r3p41r

kürək

5h0v3l

Lənət olsun!

d4mn!

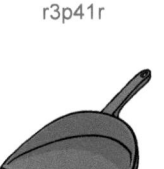

xəkəndaz

du57p4n

boya vedrəsi

p41n7 c4n

vintlər

5cr3w5

musiqi alətləri
mu51c4l 1n57rum3n75

dinamik
l0ud 5p34k3r

zərb alətləri
drum 537

gitara
6u174r

kontrabas
d0ubl3 b455

trompet
7rump37

fortepiano

p14n0

skripka

v10l1n

bas

b455

timpani

71mp4n1

nağara

drum5

sintezator

k3yb04rd

saksafon

54x0ph0n3

fleyta

flu73

mikrofon

m1cr0ph0n3

zoopark
z00

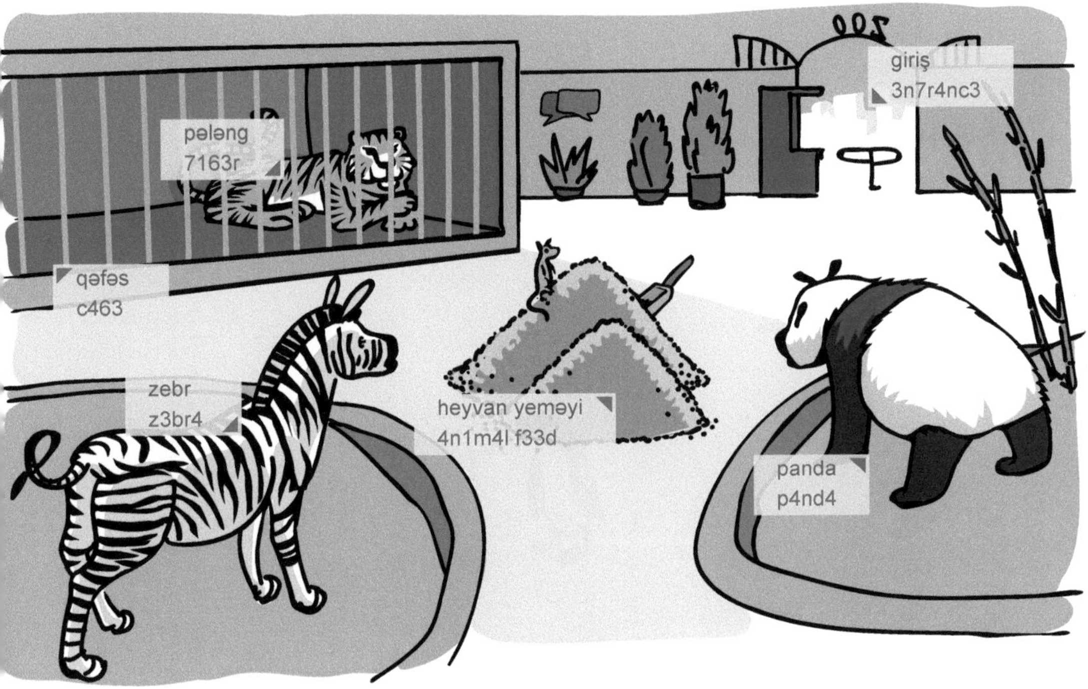
pələng
7163r
qəfəs
c463
giriş
3n7r4nc3
zebr
z3br4
heyvan yeməyi
4n1m4l f33d
panda
p4nd4

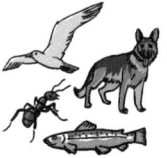

heyvanlar
....
4n1m4l5

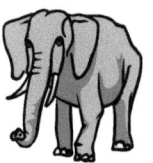

fil
....
3l3ph4n7

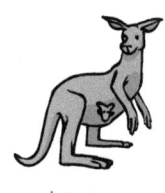

kenquru
....
k4n64r00

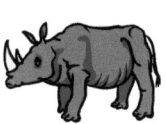

kərgədan
....
rh1n0

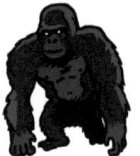

qorilla
....
60r1ll4

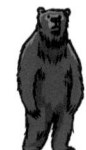

ayı
....
b34r

dəvə

c4m3l

dəvəquşu

057r1ch

aslan

l10n

meymun

m0nk3y

flamingo

fl4m1n60

tutuquşu

p4rr07

qütb ayısı

p0l4r b34r

pinqvin

p3n6u1n

köpəkbalığı

5h4rk

tovuz

p34c0ck

ilan

5n4k3

timsah

cr0c0d1l3

zoopark işçisi

z00k33p3r

suiti

534l

yaquar

j46u4r

poni

pΟny

bəbir

l3Οp4rd

hippopotam

h1ppΟ

zürafə

61r4ff3

qartal

346l3

qaban

bΟ4r

balıq

f15h

tısbağa

7ur7l3

morj

w4lru5

tülkü

fΟx

ceyran

64z3ll3

5p0r75

amerikan futbolu
4m3r1c4n f007b4ll

velosiped sürmək
cycl1n6

tennis
73nn15

basketbol
b45k37b4ll

üzgüçülük
5w1mm1n6

buz xokkeyi
1c3 h0ck3y

boks
b0x1n6

futbol
50cc3r

badminton
b4dm1n70n

yüngül atletika
47hl371c5

həndbol
h4ndb4ll

xizək
5k11n6

polo
p0l0

fəaliyyət
4c71v17135

tullanmaq
jump
qucaqlaşmaq
hu6
gülmək
l4u6h
getmək
w4lk
oxumaq
51n6
yuxu qörmək
dr34m
dua etmək
pr4y
öpüşmək
k155

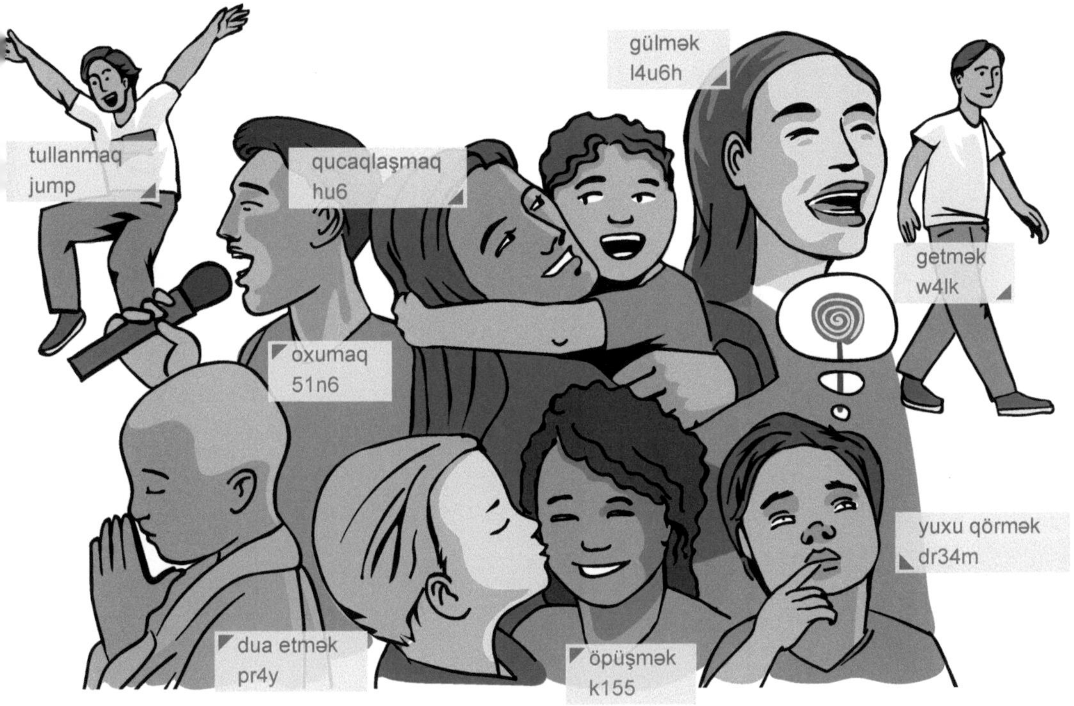

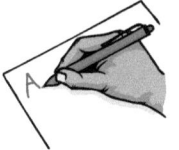

yazmaq

wr173

çəkmək

dr4w

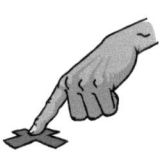

göstərmək

5h0w

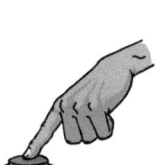

itələmək

pu5h

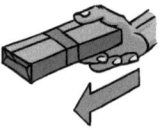

vermək

61v3

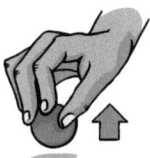

götürmək

74k3

sahibi olmaq

h4v3

etmək

d0

olmaq

b3

durmaq

574nd

qaçmaq

run

çəkmək

pull

atmaq

7hr0w

düşmək

f4ll

uzanmaq

l13

gözləmək

w417

daşımaq

c4rry

oturmaq

517

geyinmək

637 dr3553d

yatmaq

5l33p

ayılmaq

w4k3 up

baxmaq

l00k 47

ağlamaq

cry

sığallamaq

57r0k3

daramaq

c0mb

danışmaq

74lk

anlamaq

und3r574nd

soruşmaq

45k

dinləmək

l1573n

içmək

dr1nk

yemək

347

təmizləmək

71dy up

sevmək

l0v3

bişirmək

c00k

sürmək

dr1v3

uçmaq

fly

üzmək

5411

hesablamaq

c4lcul473

oxumaq

r34d

öyrənmək

l34rn

işləmək

w0rk

evlənmək

m4rry

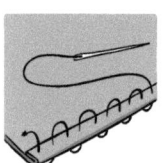

tikmək

53w

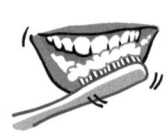

dişləri təmizləmək

bru5h 7337h

öldürmək

k1ll

siqaret çəkmək

5m0k3

göndərmək

53nd

ailə
f4m1ly

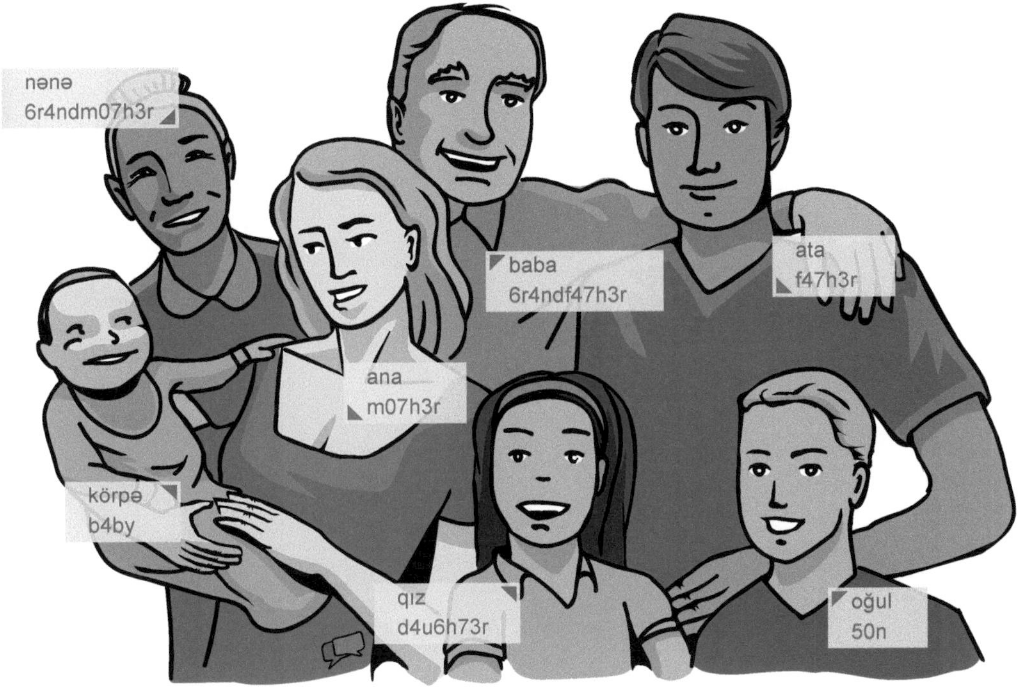
nənə
6r4ndm07h3r
baba
6r4ndf47h3r
ata
f47h3r
ana
m07h3r
körpə
b4by
qız
d4u6h73r
oğul
50n

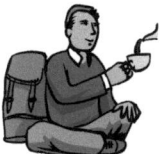

qonaq

6u357

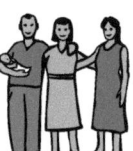

xala/bibi

4un7

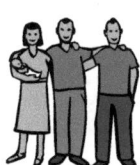

əmi/dayı

uncl3

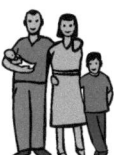

qardaş

br07h3r

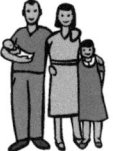

bacı

51573r

bədən
b0dy

alın
f0r3h34d
göz
3y3
çiyin
5h0uld3r
barmaq
f1n63r
üz
f4c3
buxaq
ch1n
əl
h4nd
ayaq
l36
döş
br3457
qol
4rm

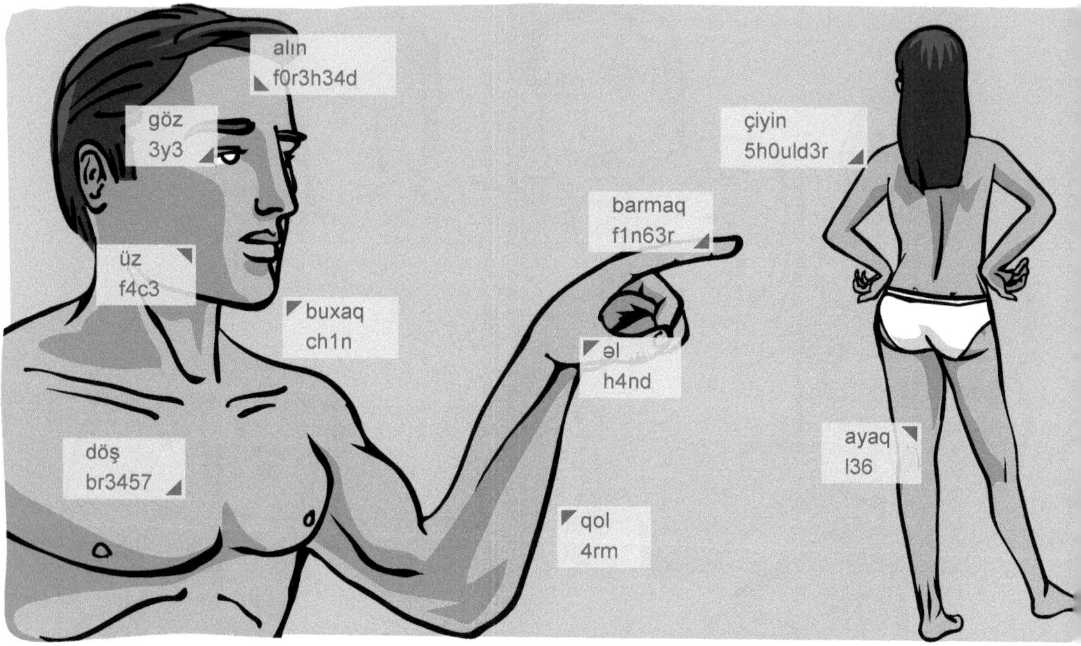

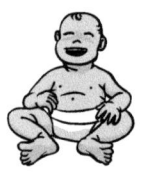

körpə
b4by

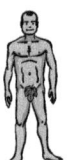

kişi
m4n

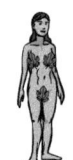

qadın
w0m4n

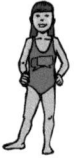

qız
61rl

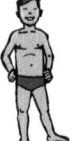

oğlan
b0y

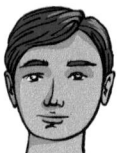

baş
h34d

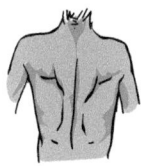

bel
b4ck

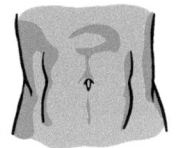

qarın
b3lly

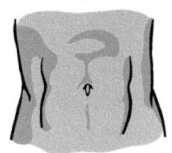

göbək
n4v3l

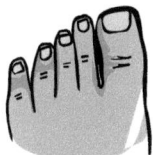

ayaq barmağı
703

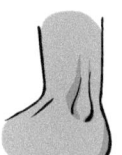

daban
h33l

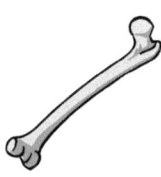

sümük
b0n3

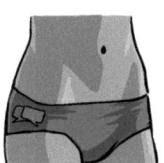

bud
h1p

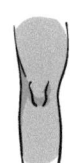

diz
kn33

dirsək
3lb0w

burun
n053

sağrı
bu770ck5

dəri
5k1n

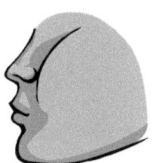

yanaq
ch33k

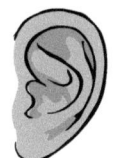

qulaq
34r

dodaq
l1p

bədən - b0dy

69

ağız

mOu7h

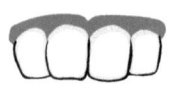

diş

7OO7h

dil

7On6u3

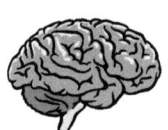

beyin

br41n

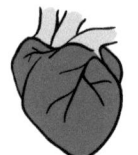

ürək

h34r7

əzələ

mu5cl3

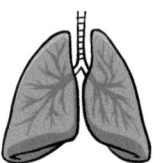

ağciyər

lun6

qaraciyər

l1v3r

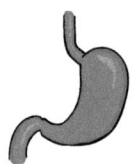

mədə

570m4ch

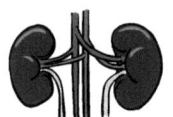

böyrəklər

k1dn3y5

cinsi yaxınlıq

53x

kondom

cOndOm

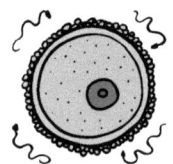

qadın cinsi hüceyrə

Ovum

sperma

53m3n

hamiləlik

pr36n4ncy

bədən - bOdy

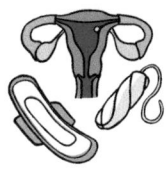

aybaşı
....
m3n57ru4710n

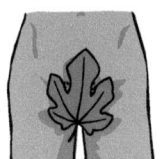

vagina
....
v461n4

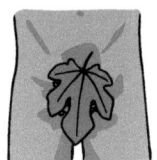

penis
....
p3n15

qaş
....
3y3br0w

saç
....
h41r

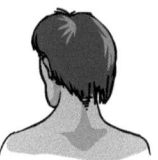

boyun
....
n3ck

xəstəxana

h05p174l

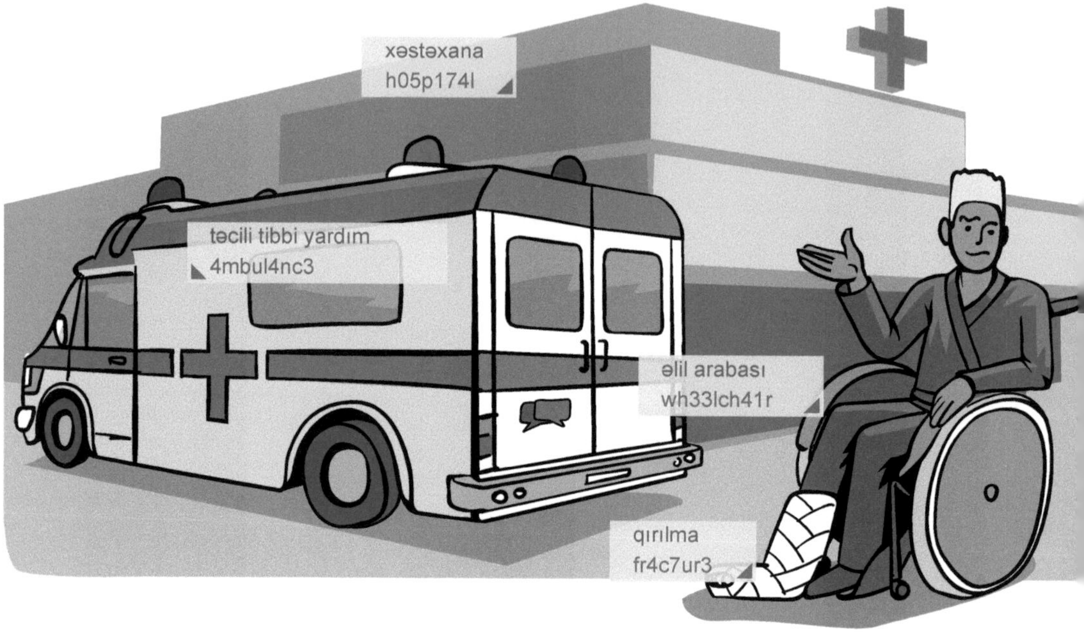

xəstəxana
h05p174l
təcili tibbi yardım
4mbul4nc3
əlil arabası
wh33lch41r
qırılma
fr4c7ur3

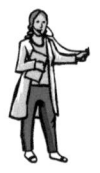

həkim

d0c70r

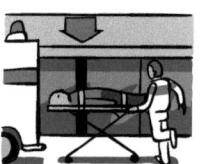

reanimasiya şöbəsi

3m3r63ncy r00m

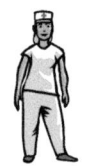

tibb bacısı

nur53

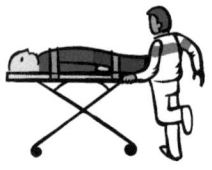

fövqəladə hallar

3m3r63ncy

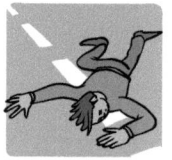

huşunu itirmiş

unc0n5c10u5

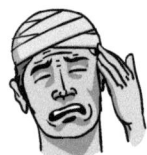

ağrı

p41n

zədə

1njury

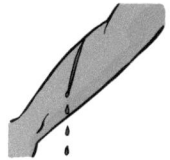

qanaxma

bl33d1n6

infarkt

h34r7 4774ck

insult

57r0k3

allergiya

4ll3r6y

öskürək

c0u6h

qızdırma

f3v3r

qrip

flu

ishal

d14rrh34

başağrısı

h34d4ch3

xərçəng

c4nc3r

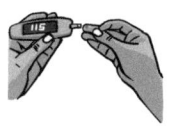

şəkərli diabet

d14b3735

cərrah

5ur630n

neştər

5c4lp3l

əməliyyat

0p3r4710n

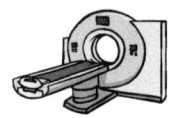

CT

c7

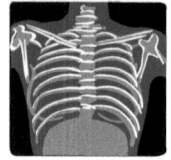

rentgen

x-r4y

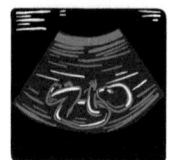

ultrasəs

ul7r450und

maska

f4c3 m45k

xəstəlik

d153453

gözləmə otağı

w4171n6 r00m

qoltuqağacı

cru7ch

plaster

pl4573r

sarğı

b4nd463

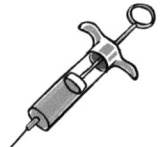

inyeksiya

1nj3c710n

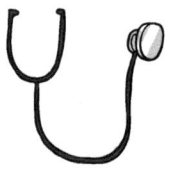

steteskop

5737h05c0p3

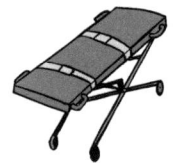

xərək

57r37ch3r

hərarətölçən

cl1n1c4l 7h3rm0m373r

doğum

b1r7h

çəki artıqlığı

0v3rw316h7

eşitmə aparatı

h34r1n6 41d

dezinfeksiyaedici

d151nf3c74n7

infeksiya

1nf3c710n

virus

v1ru5

QİÇS

h1v / 41d5

tibb

m3d1c1n3

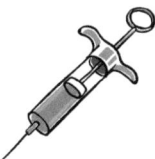

peyvənd

v4cc1n4710n

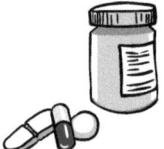

həblər

74bl375

həb

p1ll

təcili zəng

3m3r63ncy c4ll

qan təzyiqini ölçmək üçün
cihaz

bl00d pr355ur3 m0n170r

xəstə / sağlam

1ll / h34l7hy

Kömək edin!

h3lp!

həyəcan siqnalı

4l4rm

basqın

4554ul7

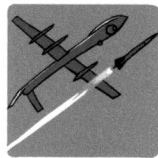

hücum

4774ck

təhlükə

d4n63r

ehtiyat çıxışı

3m3r63ncy 3x17

Yanğın!

f1r3!

odsöndürən

f1r3 3x71n6u15h3r

qəza

4cc1d3n7

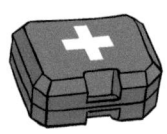

ilkin yardım qutus

f1r57-41d k17

SOS

505

polis

p0l1c3

Avropa

3ur0p3

Şimali Amerika

n0r7h 4m3r1c4

Cənubi Amerika

50u7h 4m3r1c4

Afrika

4fr1c4

Asiya

4514

Avstraliya

4u57r4l14

Atlantik

47l4n71c

Sakit Okean

p4c1f1c

Hind okeanı

1nd14n 0c34n

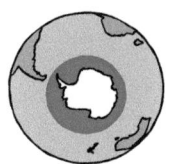

Antarktika Okeanı

4n74rc71c 0c34n

Şimal Buzlu okeanı

4rc71c 0c34n

Şimal qütbü

n0r7h p0l3

Cənub qütbü

50u7h p0l3

Antarktika

4n74rc71c4

Yer kürəsi

34r7h

ölkə

l4nd

dəniz

534

ada

15l4nd

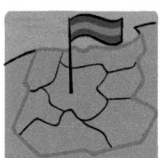

millət

n4710n

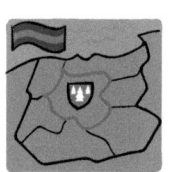

dövlət

57473

siferblat
....
cl0ck f4c3

saat əqrəbi
....
h0ur h4nd

dəqiqə əqrəbi
....
m1nu73 h4nd

saniyə əqrəbi
....
53c0nd h4nd

Saat neçədir?
....
wh47 71m3 15 17?

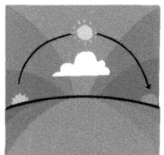

gün
....
d4y

vaxt
....
71m3

indi
....
n0w

rəqəmsal saat
....
d16174l w47ch

dəqiqə
....
m1nu73

saat
....
h0ur

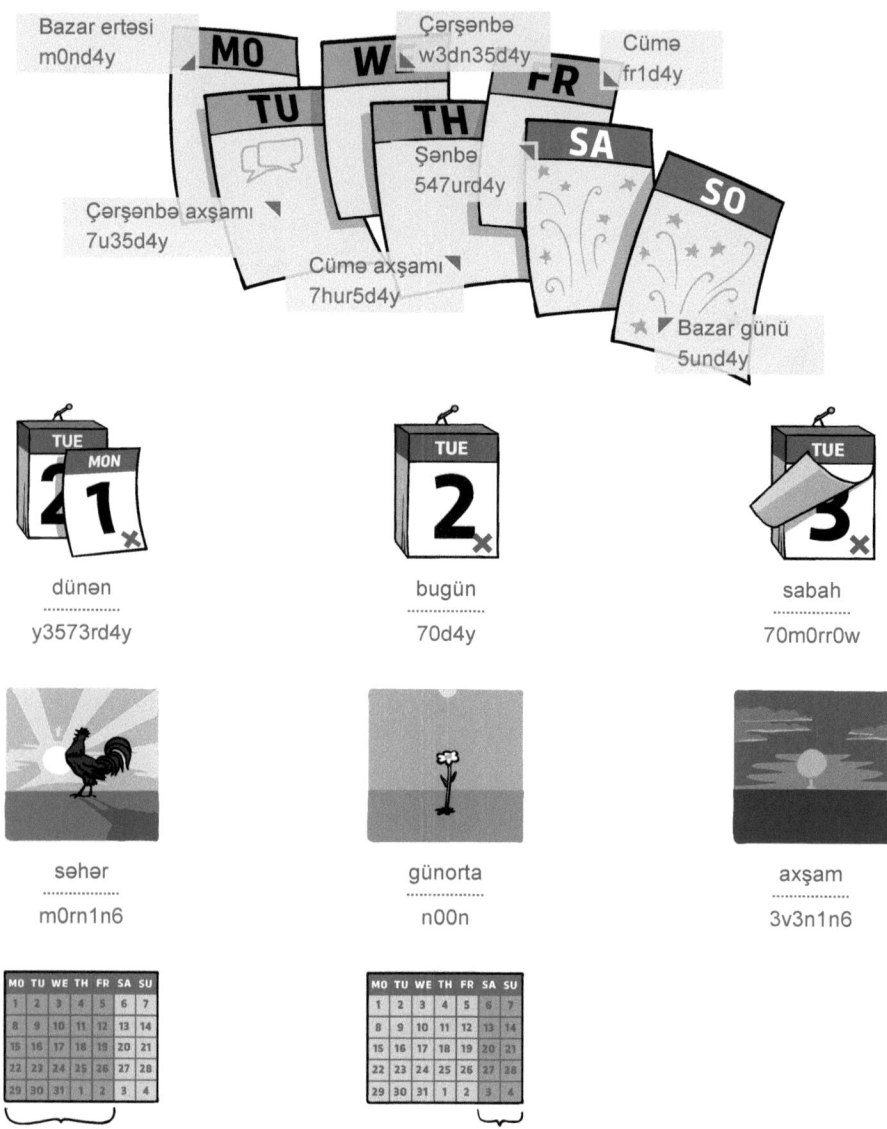

Bazar ertəsi
m0nd4y

MO

W Çərşənbə
w3dn35d4y

FR Cümə
fr1d4y

TU

TH

SA Şənbə
547urd4y

SO

Çərşənbə axşamı
7u35d4y

Cümə axşamı
7hur5d4y

Bazar günü
5und4y

dünən
....
y3573rd4y

bugün
....
70d4y

sabah
....
70m0rr0w

səhər
....
m0rn1n6

günorta
....
n00n

axşam
....
3v3n1n6

iş günü
....
w0rkd4y5

həftə sonu
....
w33k3nd

il
y34r

yağış
r41n
göy qurşağı
r41nb0w
qar
5n0w
külək
w1nd
yaz
5pr1n6
payız
f4ll
yay
5umm3r
qış
w1n73r

4.APRIL 11°
5.APRIL 4°
6.APRIL 13°
7.APRIL 8°
8.APRIL 10°

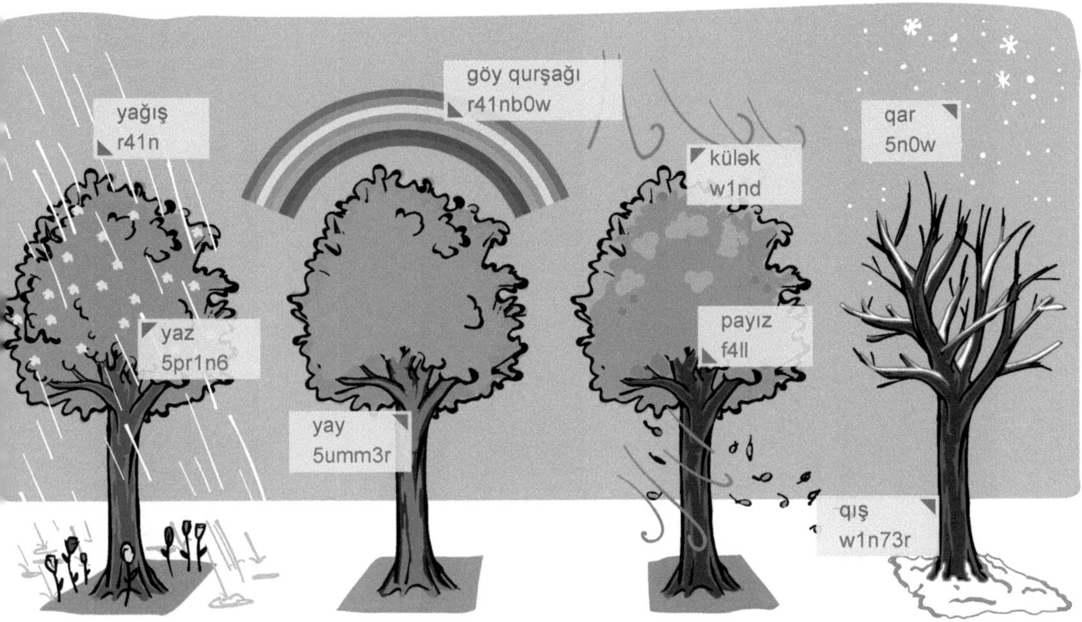

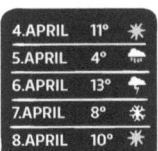

hava proqnozu

w347h3r f0r3c457

F C
120 40
90 30
60 20
30 10
0 0
-30 -10
-20

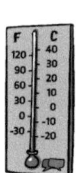

termometr

7h3rm0m373r

günəş işığı

5un5h1n3

bulud

cl0ud

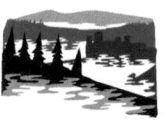

duman

f06

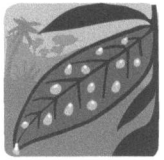

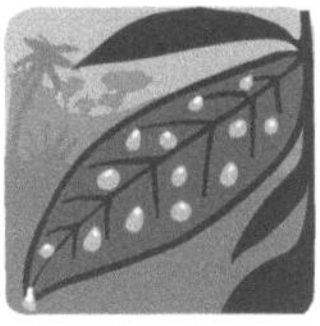

rütubət

hum1d17y

ildırım

l16h7n1n6

göy gurultusu

7hund3r

fırtına

570rm

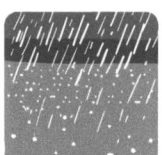

dolu

h41l

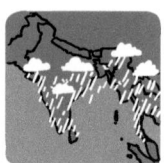

musson

m0n500n

daşqın

fl00d

buz

1c3

yanvar

j4nu4ry

fevral

f3bru4ry

mart

m4rch

aprel

4pr1l

may

m4y

iyun

jun3

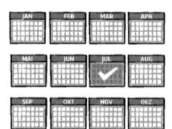

iyul

july

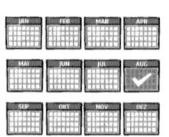

avqust

4u6u57

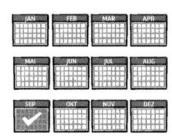

sentyabr
....
53p73mb3r

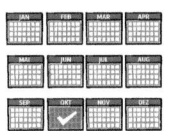

oktyabr
....
0c70b3r

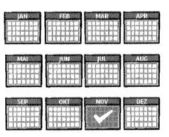

noyabr
....
n0v3mb3r

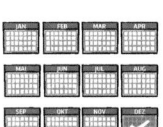

dekabr
....
d3c3mb3r

formalar

5h4p35

dairə
....
c1rcl3

kvadrat
....
5qu4r3

düzbucaqlı
....
r3c74n6l3

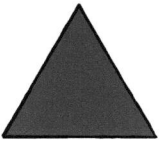

üçbucaq
....
7r14n6l3

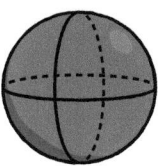

kürə
....
5ph3r3

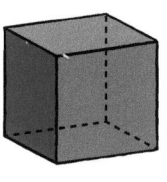

kub
....
cub3

ağ

wh173

sarı

y3ll0w

narıncı

0r4n63

çəhrayı

p1nk

qırmızı

r3d

bənövşəyi

purpl3

mavi

blu3

yaşıl

6r33n

palıdı

br0wn

boz

6r4y

qara

bl4ck

çox / az

4 l07 / 4 l177l3

qeyzli / sakit

4n6ry / c4lm

yaraşıqlı / eybəcər

b34u71ful / u6ly

başlanğıc / son

b361nn1n6 / 3nd

böyük / kiçik

b16 / 5m4ll

işıqlı / qaranlıq

br16h7 / d4rk

qardaş / bacı

br07h3r / 51573r

təmiz / kirli

cl34n / d1r7y

tam / natamam

c0mpl373 / 1nc0mpl373

gündüz / gecə

d4y / n16h7

ölü / diri

d34d / 4l1v3

geniş / dar

w1d3 / n4rr0w

yemeli / yeyilməyən

3d1bl3 / 1n3d1bl3

hirsli / mehriban

3v1l / k1nd

həyəcanlı / bezmiş

3xc173d / b0r3d

kök / arıq

f47 / 7h1n

ilk / son

f1r57 / l457

dost / düşmən

fr13nd / 3n3my

dolu / boş

full / 3mp7y

sərt / yumşaq

h4rd / 50f7

ağır / yüngül

h34vy / l16h7

aclıq / susuzluq

hun63r / 7h1r57

xəstə / sağlam

1ll / h34l7hy

qanunsuz / qanuni

1ll364l / l364l

ağıllı / axmaq

1n73ll163n7 / 57up1d

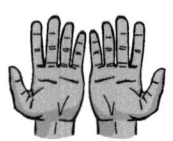

sol / sağ

l3f7 / r16h7

yaxın / uzaq

n34r / f4r

yeni / istifadə edilmiş

n3w / u53d

heç bir şey / bir şey

n07h1n6 / 50m37h1n6

qoca / gənc

0ld / y0un6

açma / bağlama

0n / 0ff

açıq / bağlı

0p3n / cl053d

sakit/ bərk

qu137 / l0ud

varlı / kasıb

r1ch / p00r

düzgün / səhv

r16h7 / wr0n6

kobud / hamar

r0u6h / 5m007h

kədərli / xoşbəxt

54d / h4ppy

qısa / uzun

5h0r7 / l0n6

yavaş / sürətli

5l0w / f457

yaş / quru

w37 / dry

isti / sərin

w4rm / c00l

müharibə / sülh

w4r / p34c3

0	**1**	**2**
sıfır	bir	iki
z3r0	0n3	7w0

3	**4**	**5**
üç	dörd	beş
7hr33	f0ur	f1v3

6	**7**	**8**
altı	yeddi	səkkiz
51x	53v3n	316h7

9	**10**	**11**
doqquz	on	on bir
n1n3	73n	3l3v3n

12
on iki
7w3lv3

13
on üç
7h1r733n

14
on dörd
f0ur733n

15
on beş
f1f733n

16
on altı
51x733n

17
on yeddi
53v3n733n

18
on səkkiz
316h733n

19
on doqquz
n1n3733n

20
iyirmi
7w3n7y

100
yüz
hundr3d

1.000
min
7h0u54nd

1.000.000
milyon
m1ll10n

İngilis dili

3n6l15h

İngilis dilinin amerikan
variantı

4m3r1c4n 3n6l15h

Çin dilinin Mandarin dialekti

ch1n353 m4nd4r1n

Hind dili

h1nd1

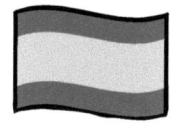

İspan dili

5p4n15h

Fransız dili

fr3nch

Ərəb dili

4r4b1c

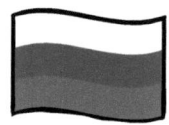

Rus dili

ru5514n

Portuqal dili

p0r7u6u353

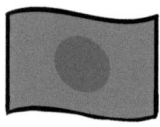

Benqal dili

b3n64l1

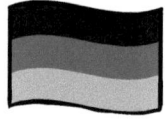

Alman dili

63rm4n

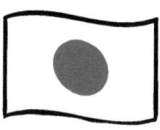

Yapon dili

j4p4n353

mən

1

sən

y0u

♂ ♀ ○

o / o / o

h3 / 5h3 / 17

biz

w3

siz

y0u

onlar

7h3y

kim?

wh0?

nə?

wh47?

necə?

h0w?

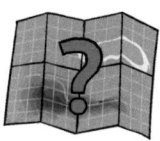

harada?

wh3r3?

nə zaman?

wh3n?

ad

n4m3

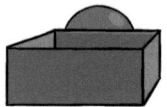

arxadan

b3h1nd

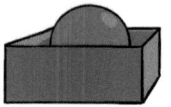

içində

1n

qarşısında

1n fr0n7 0f

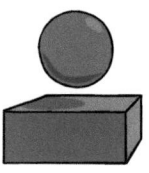

üzərində

0v3r

dair

0n

altında

und3r

yanaşı

b351d3

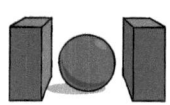

arasında

b37w33n

yer

pl4c3